主编 姜 锋

外教社世界语言小史丛书

波兰语小史

茅银辉 冯宝蕙 著

上海外语教育出版社

SHANGHAI FOREIGN LANGUAGE EDUCATION PRESS

图书在版编目（CIP）数据

波兰语小史 / 茅银辉, 冯宝蕙编著. -- 上海：上海外语教育出版社, 2024
（外教社世界语言小史丛书）
ISBN 978-7-5446-8081-3

Ⅰ.①波… Ⅱ.①茅… ②冯… Ⅲ.①波兰语—语言史 Ⅳ.①H745-09

中国国家版本馆 CIP 数据核字 (2024) 第 064974 号

出版发行：**上海外语教育出版社**
（上海外国语大学内） 邮编：200083
电　　话：021-65425300 (总机)
电子邮箱：bookinfo@sflep.com.cn
网　　址：http://www.sflep.com
责任编辑：马艳红

印　　刷：上海中华商务联合印刷有限公司
开　　本：890×1240　1/32　印张 6.75　字数 158 千字
版　　次：2024 年 9 月第 1 版　2024 年 9 月第 1 次印刷

书　　号：ISBN 978-7-5446-8081-3
定　　价：55.00 元

本版图书如有印装质量问题，可向本社调换
质量服务热线：4008-213-263

出版说明

　　语言与我们人类相生相伴：从日常生活的交际到内心深处的反思，语言的身影无处不在。如果哪一天没有了语言，我们的思考将如何进行，我们的存在又将何去何从？这是难以想象的。语言承载着我们人类的传统和共同记忆，语言照见我们与世界各地其他民族之间的社会现实关联，语言将我们的知识、思想和信仰传递给后世。世界上每一门语言，都是人类的一种世界观；它既能反映使用该语言的民族特有的相关属性和其在历史上的盛衰涨落，也能昭示其未来的趋向。

　　上海外语教育出版社策划并组织编写了"外教社世界语言小史丛书"，旨在助力广大外语学习者较系统地了解某一门语言的发展历程。每册小书的内容主要介绍该门语言在历史上各个时期的社会状况、文化状况以及与语言变化相关的外部因素等。为因应时代的需要，我们为每册小书录制了微课视频，以期视频资源能帮助读者朋友快速抓取全书主旨，与面向深度阅读的纸质图书相互呼应。

　　本丛书首批出版语种包含英语、日语、俄语、法语、德语、西班牙语等，后期还将陆续扩展，祈盼得到各界专家学者与广大读者的关注与支持。

上海外语教育出版社

序言

上海外语教育出版社推出"世界语言小史"丛书，社长孙玉先生希望我为此写序，简介这套丛书的出版背景。犹豫再三，我还是答应完成这项任务，犹豫的原因是，虽然我上大学时学的是语言专业，对语言学的知识很感兴趣，也有些阅读体会，但远不足以评说专业工作成果；之所以答应，是觉得应该向读者介绍一下本丛书产生的背景。我深切地感到，语言学知识是人类知识体系中最丰富、最基础也是最为神奇的一部分，是我们所处之万物互联、智能互通时代的灵魂部分。随着人工智能的兴起以及数字技术的变革，一个语言学兴盛的时代正在到来。限于篇幅，恕不对此赘述，我还是言归正传完成介绍丛书背景的任务。

2014年1月来到上海外国语大学工作之前，我在德国柏林工作六年，其间经历过几件与语言研究和语言教育相关的事，给我留下深刻印象。

第一件事是，2013年参观柏林自由大学孔子学院举办的德国汉语教学历史展。自由大学罗梅君教授（Dr. Mechthild Leutner）和余德美女士（Dagmar Yu-Dembski）带领孔院团队对德国汉语研究与教学三百多年的历史做了系统梳理，展览很成功。其间，德国东方学家米勒（Andreas Müller，1630—1694）声称发明汉语速成方法"中文钥匙"（Clavis Sinica）并待价而沽的神奇故事深深地吸引了观众。17世纪的欧洲经历了文艺复兴的洗礼，语言从基督教意义上神谕的载体变为人认识自己和自然的工具。英国哲学家洛克（John Locke，1632—1704）认为：解释不清语言，就解释不清人何以能认知世界，就无从谈论知识。德国哲学家莱布尼兹（Gottfried Wilhelm Leibniz，1646—1716）相信，数字和字母的组合可以构成人类思想的"通用字母"，一种"普遍语言"将让人类各民族间的交际不再有语言的障碍。此时汉语被介绍到了欧洲，给寻求普遍语言的热情增添了活力，莱布尼兹和洛克等人都试图在汉语和汉字中找到启发，借助"普遍语言"或"元语言"实现人类普遍交流和普遍认知，回归到"前巴别塔"时代的神性境界。这就可以解释，为什么莱布尼兹要向米勒请教快速有效学习汉语的方法。不过，史学家认为，莱布尼兹在学习汉语方面并未获得他希望得到的帮助，米勒最终也没能像他宣扬的那样公布汉语速成的方法。虽然米勒的汉语速学法被认为是商业炒作，但我们仍然能够从欧洲人17世纪热衷于普遍语言的探索中感受到语言知识被赋予的崇高地位——语言是人回到神性世界的钥匙。

第二件事是，柏林各大学术研究机构每年夏天都要联合举办"科学长夜"活动，向市民公开展示各自的研究成果。向社会开放，是学术和文化机构的社会责任；而时间放在晚上，是为了方便白天工作的市民。洪堡大学地处城市中心，每至科学长夜，校园里熙熙攘攘，各类学术活动丰富多彩。该校亚非所也经常组织展览，有些年份还邀请来自亚非国家的专家介绍各自的语言和文化。因为内容陌生或是活动的形式单调，亚非所的展台不像其他"学术摊位"那么热闹，来此体验的人不多；而我差不多每次都去看看，一是有兴趣，二是这里相对安静。有一年的"长夜"上，亚非所展出了一些声音资料供参观者体验，是很多年前非洲人的录音，尽管听不懂，但从声音档案可以想象出说话人可能的遭遇，感受到殖民统治年代压迫者的傲慢和被压迫者的悲惨。俾斯麦时期（19世纪下半叶），德意志帝国进入了殖民扩张的行列，但帝国缺乏与殖民地区相关的语言能力和知识储备，也因此更缺乏能够经营和管理"殖民事业"的人才。这促使俾斯麦在1887年设立了"东方语学院"（Seminar für Orientalische Sprachen，简称SOS）。学院挂靠在柏林大学（现称洪堡大学），但在联邦政府（外交部提供经费）支持下独立运作，主要目的是为各领域培养会目标地区语言、懂目标地区社会文化情状、能够从各方面参与殖民事务的人才。这样一项对帝国十分迫切的任务，是当时学科划分日益细化的传统大学难以完成的，它需要学科间的交叉协同和行政资源的协作整合，学院挂靠在柏林大学又独立运作的原因大抵如此。德国人的做法引起了英国人警觉。英国人认为，德国建立东方语学院是在与英国竞争殖民实力；他们甚至把德国每设立一个东方语新教席比喻成新造了一艘军舰，并宣称英国人不应输掉这场由德国人挑起的"东方学竞争"。这段历史催生了后来的伦敦亚非学院。从德国东方语学院的建立、发展及由此激起英德东方学竞争的历史看，19世纪欧洲外语教育机构的建立与欧洲的殖民扩张政策相伴而行，语言能力是国家实力政策的一部分，外语是实行殖民扩张政策的工具。

第三件事是一种印象，即历史上对语言研究的热衷给柏林这座城市留下了格外显著的印记。1753年，法国第戎科学院发起"人类不平等的起源何在？"的征文。卢梭（Jean-Jacques Rousseau，1712—1778）写下了《论人类不平等的起源和基础》这一不朽名著，而德国人此时似乎更关心语言问题。十多年后的1769年，普鲁士科学院面向欧洲设奖，征集有关语言起源问题的文章。赫尔德（Johann Gottfried Herder，1744—1803）的《论语言的起源》，在与当时多位不同专业、很有影响的大家的作品竞争中脱颖而出，成为语言学史上的经典。该书反对语言神授说，主张语言是人的本质所在；人之为人，皆因其有语言，悟性是人类内在属性，而语言则是外在标志。法德两个科学院关注议题的差异，也许为我们今天观察两个民族的异同提供了一些启发：法国人很关心社会问题，而德国人更关注人本身，关注人类所独有的"悟性"与语言的关系。从某种程度上说，语言特征有助于了解不同民族的特性。

沿着赫尔德关于悟性与语言的关系的思路继续探索，就会发现：语言与人们感知、理解和表述世界之间存在相互限制、相互影响的作用。对此，天命之年卸去官场劳顿在柏林北郊专注于语言研究的威廉·冯·洪堡特

（亦译洪堡，Wilhelm von Humboldt，1767—1835）认为：人的"语言观"（Sprachansicht）如果不能超越自身民族语言的局限就会束缚人的知识和思维，影响人的"世界观"（Weltansicht），因此，人若要挣脱母语的藩篱，就要进入另外一种语言，"学会一种外语就意味着在业已形成的世界观的领域里赢得一个新的立足点"。[1]由此观之，学习外语对洪堡特而言，不仅仅是出于人与人交流的需要，更关乎人的世界观，关乎人的自我认知和自我完善，通过丰富多样的语言表达形式，人在精神上可以达到趋于完美的境界。这就可以理解在洪堡特的教育思想和由他拟定的教育政策中语言学习为何具有重要的位置。

柏林还有很多与语言研究相关的历史人物和历史成就可以书写。在2013年底准备离开这座城市、回国到上海外国语大学工作之际，我不由想起，对世界语言研究有着如此悠久历史的柏林是否会有专门的世界语言博物馆？让我意想不到的是，有着众多主题博物馆的柏林居然没有语言博物馆；同样让我没有想到的是，柏林几位热心市民刚刚注册成立了一个"世界语言博物馆筹备协会"，正着手策划博物馆的建馆方案。

来到上外后，我和一些同事谈及世界语言博物馆建设的想法。大家普遍认为，上外应该建立一所展示世界语言和语言研究成果的博物馆，填补我国在这个领域的空白，为推动语言学习和研究、促进各国交流和理解做点实事。有的同事表示，一个大学需要有一个博物馆，向社会传播知识，展示研究成果——这是大学应尽的社会责任，也是增进大学与社会互动的有效渠道和国际合作的平台。

经过多方策划、筹备、设计和施工，上海外国语大学世界语言博物馆于2019年落成。此事受到了学术圈和社会各界的广泛关注。参与这项工作的主要是一批有专业水平、学术理想和事业精神的年轻同事，他们干了一件了不起的事。借此机会，我谨向他们表示敬意。

博物馆虽然已经落成，但其建设还远没有结束，展品和内容需要不断

---

1 ［德］威廉·冯·洪堡特：《论人类语言结构的差异及其对人类精神发展的影响》，姚小平译，商务印书馆，2010，第72页。

充实和完善。其中，系统介绍世界各国语言，哪怕是几种主要的通用语言，就是一项十分庞大的工程，在我国尚无先例，因此我们无法预测需要有多少代人去做！就此话题，我和出版社孙玉社长交流，他给予了大力支持，积极组织有关语种的专家学者分头撰写语言史。想到工程艰巨，还是从小做起，脚踏实地，给即将出版的作品定名为"外教社世界语言小史丛书"，算是开个头吧。

本丛书为开放系列，首批出版语种包含英语、日语、俄语、法语、德语、西班牙语等，后期还将陆续扩展。希望这套世界语言小史丛书，既关注全球范围内广泛使用的语言，也关注一些已经消亡或濒临消亡但对人类文明的演进具有重大影响意义的语言，比如拉丁语、梵语等。

最后，我想借此机会对各位作者表示衷心的感谢；同时，也期待更多的学者和读者加入其中，关注语言，关怀人类，关心我们自身，让语言成为打开各国各民族人们理解之门的钥匙，为我们每个人的完善与发展，为世界的和平与发展奠定坚实的人文基础。是为序。

姜　锋
2021 年 8 月于上海

目 录

▼
▽

第一讲
▼
前文字时期的
波兰语萌芽

01 ▶▷
波兰语概况与历史分期

  波兰是一个历史悠久的欧洲国家，曾涌现出许多杰出人物，如创立"日心说"的天文学家哥白尼、浪漫主义钢琴诗人肖邦、人类放射学研究的先驱居里夫人等。在这个人文荟萃、钟灵毓秀的国邦之上，人们说着什么样的一种语言？它又是如何发展而来的呢？让我们现在一起走进波兰语小史的世界！

  特殊的地理位置使波兰内部的语言文化发展相对复杂。当今的波兰位于欧洲中部，北部濒临波罗的海，与俄罗斯和立陶宛接壤，东部与白俄罗斯和乌克兰为邻，南部与斯洛伐克和捷克毗邻，西部的奥德河（Odra）和尼萨河（Nysa Łużycka）是波兰与德国的界河。在历史上，波兰曾是欧洲领土面积最大的国家之一，疆域横跨于波罗的海与黑海之间。重要的战略位置使波兰成为欧洲东西方力量拉锯的中心，自古以来就是欧洲列强的必争之地，波兰也由此成为了多元文化交汇的"大熔炉"。当我们回顾波兰的历史时，尽管这个国家曾在世界地图上消失了长达123年之久，但诚如波兰国歌所言——"波兰没有灭亡"，即便在亡国时期，波兰的语言与文化仍在不断延续和发展，并实现了政治和地理边界的跨越。在战乱之下，波兰语以独特的方式勇敢地捍卫着民族尊严。一战结束后得以复国的波兰从满目疮痍、百废待兴，到扭转命运重新崛起，始终以不屈的傲骨屹立于世界。在经济发展方面，波兰在大国博弈的夹缝中不断寻求突破和提升。20世纪末，波兰与匈牙利、捷克、斯洛伐克三国珠联璧合，共同组成维谢格拉德集团（Grupa Wyszehradzka），该集团常被称为"欧洲经济增速火车头"。根据波兰经济研究所（Polski Instytut Ekonomiczny）的数据显示，与1991年相比，2019年该集团的国内生产总值增加了约1.5倍，其中波兰增长势头强劲，实现了三倍以上的经济增长。自从2004年加入欧盟后，波兰常常能从欧盟得到数目可观的拨款资助，解决国内经济薄弱问题。总体而言，1991年东欧剧变以来，波兰一直处于欧洲经济增长最快的国家前列，目前也成为欧盟的第七大经济体。

特殊的地理位置和历史印记使得波兰在多元共生的文化语境中塑造出共同语言——波兰语。依据语言谱系分类法，波兰语属于印欧语系（języki indoeuropejskie）斯拉夫语族（języki słowiańskie）的西斯拉夫语支（języki zachodniosłowiańskie），同语支的还有捷克语（język czeski）和斯洛伐克语（język słowacki）。波兰语在书写上使用的是经过改造的拉丁字母，波兰语共有39个字母，发36个音，其中9个元音字母，发8个音；30个辅音字母，发28个音。名词、形容词、代词、数词都有性、数、格的特征变化，动词有人称、时态、体、形动词和副动词等形式。波兰语的重音是相对固定的，通常落在单词的倒数第二个音节上，个别外来词落在倒数第三个音节上，如muzyka（音乐）、fizyka（物理）等。波兰语言协会（Rada Języka Polskiego）在对本国语言的介绍中指出，目前波兰语使用人口约为4 800万，是欧洲使用人数较多的语言之一，在欧盟中位列第六。

任何语言都并非孤立存在，波兰语也不例外，在其发展过程中不可避免地受到外来语言的影响。波兰特殊的历史背景决定了波兰语在不断与外来语言接触和交流的过程中，因兼收并蓄而日渐丰富，波兰语中不乏拉丁语、捷克语、德语、俄语、英语等语言的印记，这些外来语都不同程度地渗透在波兰语的历史发展之中。

语言本身在长时间的发展过程中会不断演进，为了语言研究的便利和简化，学者们倾向于将对象语言的历史演化过程进行切割，以重要事件的时间为节点划分出不同的阶段，从而对同一语言内部进行历史比较。学界对波兰语历史分期的划分方法大致相仿，通常分为**前文字时期**和**文字时期**两大区间，其中，文字时期又细分为四个阶段：古波兰语时期（12世纪中叶至15、16世纪之交）、中古波兰语时期（15、16世纪之交至18世纪中叶）、新波兰语时期（18世纪中叶至1939年）和现代波兰语时期（1939年至今）。

前文字时期是波兰历史上群雄割据的时代。在原始印欧语（język praindoeuropejski）分裂后，所衍生的原始斯拉夫语逐渐发展壮大，在民族大迁徙的背景之下，原始斯拉夫语的内部又分化成了数个语支。经过成年累月的演变，波兰语最终从西斯拉夫语支中脱离出来，成为一门独立的语言。然而，在之后相当长的一段时间内，波兰语都没有形成自己的文字，拉丁语一直在波兰的宗教、行政、教育等领域占据着主导地位。

古波兰语时期是波兰语发展的重要节点，是波兰语崭露头角的阶段。在这一时期，拉丁语与波兰语进行着相互交织的大小"博弈"，虽然大量的历史文献都采用拉丁语书写，只有人名、地名是波兰语，但相比于上一阶段而言这已经有了实质性的飞跃。最终，波兰文字和标准语得以形成，因此，这一阶段在波兰语发展历程中具有里程碑的意义。

中古波兰语时期是波兰语寻求突破的阶段。在这一时期，拼写规则得以初步确立，声势浩大的启蒙运动也为波兰经济、政治和文化带来了深刻的变革。此外，印刷术的发展和印刷文本的大量问世终结了当时的精英阶层对知识和意识形态垄断的局面，也进一步提高了波兰语的传播力、影响力和竞争力。

新波兰语时期是波兰语发展跌宕起伏的阶段，波兰这个国家和波兰语都在血泪交织中获得新生。随着近代欧洲列强的崛起，波兰遭到三次瓜分而灭国，在第一次世界大战结束后才恢复独立，这使得波兰语的发展既呈现出更替的断裂性，又具有着传衍的延续性。当波兰人的祖国遭到奴役之时，波兰文学家的心脏也随之悸动，他们创作出大量优秀的作品，将如橼巨笔化作鼓舞民族奋进的号角。浴火重生后的波兰语进一步规范了拼写规则，在当时极大地推动了民族内部的整合和文化交流。

现代波兰语时期是波兰语发展异彩纷呈的阶段。历经第二次世界大战、社会主义建设、东欧剧变、波兰第三共和国等一系列风波曲折，波兰语在各阶段不同性质的社会背景下，努力适应着周边的语言环境和社会格局，并做出相应的调整。在当代，波兰语以前所未有的深度和广度与世界进行沟通，波兰政府也积极主动调整波兰语言教育的对外战略，促进世界各国开展波兰语教学，波兰语由此逐渐走向世界。

02 ▶ ▷
波兰语的谱系关系

　　大约在公元前四五千年前后，在中欧与中亚之间的森林、草原地带生活着一个古老的原始部落，他们使用的语言被称为原始印欧语。实际上，原始印欧语是一种假想中的原始印欧人使用的语言。由于这种语言没有任何书面文本留传下来，学者们只能根据目前印欧语系诸语言的特点，通过语言比较的方法大致重构了出来。虽然原始印欧语没有得到直接的证实，但仍能从与其相似的各种语言的词汇、语法和语音等方面的对比中推断出它的存在。

　　此时，这个古老的人群在不断向世界各地迁徙，形成了许多新的部落，随之也造成了原始印欧语的逐步分化。在这一进程中，由于不同的地理环境和社会生活条件，各地形成的"方言"也各具特色，包括原始印度－伊朗语（język praindoirański）、原始吐火罗语（język pratocharski）、原始安纳托利亚语（język praanatolijski）、原始亚美尼亚语（język praormiański）、原始希腊语（język pragrecki）、原始巴尔干语（język prabałkański）、原始意大利语（język praitalski）、原始凯尔特语（język praceltycki）、原始日耳曼语（język pragermański）、原始波罗的-斯拉夫语（język prabałtosłowiański）。这些原始印欧语的后裔语言进一步衍生发展，最终形成了新的印欧语系分支和语族，例如印度语支（języki indyjskie）、伊朗语支（języki irańskie）、吐火罗语族（języki tocharskie）、安纳托利亚语族（języki anatolijskie）、意大利语族（języki italskie）、凯尔特语族（języki celtyckie）、日耳曼语族（języki germańskie）、波罗的语族（języki bałtyckie）和斯拉夫语族（języki słowiańskie），以及单独成为语族的希腊语（język grecki）、阿尔巴尼亚语（język albański）和亚美尼亚语（język ormiański）。上述语族共同建构了庞大的印欧语系，其范围几乎涵盖了整个欧洲以及亚洲西南部。值得注意的是，并非所有语言都能延续至今，例如安纳托利亚语族和吐火罗语族的各种语言就已完全湮灭在历史长河中。

原始印欧语系解体而出现的诸多语族在转型过程中存在着一定的相似性，都经历了一系列的变化才逐步成形，但各语族的转变速度并不一致。例如，原始安纳托利亚语是分化相对较早的语种之一，在属于安纳托利亚语族的赫梯语（język hetycki）中发现了的大量楔形文字可以证明，原始安纳托利亚语早在公元前2000年之前就已经发生分裂了，而楔形文字的出现也意味着这种语言的发展早已不仅仅局限于口头。不过，在原始印欧语的诸多语族解体过程中，原始斯拉夫语的分化和发展相对比较缓慢。

据学者考证，在公元前3000至前2000年，斯拉夫人部落最初可能主要集中于波罗的海南岸、奥德河、维斯瓦河（Wisła）和第聂伯河（Dniepr）之间活动。随着时间的推移，一些原始斯拉夫人向东迁徙，到达第聂伯河中游和杰斯纳河（Desna）流域，这促使原始斯拉夫语开始出现了早期分化。公元5世纪，斯拉夫人的领土不断扩张，易北河（Łaba）流域和巴尔干半岛（Półwysep Bałkański）均有斯拉夫人的足迹，原始斯拉夫语的分化也随之开始加速。据公元6世纪的拜占庭（Cesarstwo Bizantyńskie）历史学者普罗科匹厄斯（Prokopiusz z Cezarei）的著述，这些出身于同一血统的斯拉夫人被分为三类：居住在波罗的海南岸和维斯瓦河之间的是凡涅特人（Wenedowie），聚居在第聂伯河和德涅斯特河（Dniestr）之间的是安特人（Antowie），集聚在蒂萨河（Cisa）、多瑙河（Dunaj）和德涅斯特河之间的是斯克拉文人（Sklawinowie）。

在这一时期，部分斯拉夫人往南方扩张，至公元8世纪已征服了整个巴尔干半岛和伯罗奔尼撒半岛（Peloponez）。在这些地区，只有城镇还是希腊语的天下，乡村地区则已经开始越来越多地使用斯拉夫语。然而，斯拉夫人的南下扩张之路也并非畅通无阻。由于拜占庭帝国不断加强希腊化政策，斯拉夫语文化最终退出了伯罗奔尼撒半岛的疆域。此外，尽管斯拉夫人历经了多个世纪的斗争，仍未能在今天的罗马尼亚地区站稳脚跟，最终被达契亚（Dacja）民族所压制。到了9世纪后期，斯拉夫人又被来自乌拉尔（Ural）地区的非印欧语系匈牙利人部落从潘诺尼亚平原（Nizina Panońska）驱赶出去。当然，斯拉夫人向西扩张的脚步也未停下，所及范围到达今流经德国和捷克两国的易北河沿岸。同时，斯拉夫人继续东进，居住区域逐渐与当地的波罗的海、芬兰、土耳其族群形成了犬牙交错之势。在东南方，斯拉夫人则触及当时伊朗人的疆域范围。

在这个长期的迁徙过程中，斯拉夫族群与其他族群的土著居民建立了各种联系，促进了斯拉夫语族向多样化发展，并最终导致其解体。实际上，到了公元7世纪，斯拉夫人就已经逐渐分为三支，即西斯拉夫人（主要包括波兰人、捷克人、斯洛伐克人），东斯拉夫人（主要包括俄罗斯人、乌克兰人、白俄罗斯人）和南斯拉夫人（主要包括塞尔维亚人、克罗地亚人、斯洛文尼亚人、马其顿人、黑山人和保加利亚人）。如此一来，斯拉夫语族也开始越来越明显地分为三大语支：西斯拉夫语支、东斯拉夫语支（języki wschodniosłowiańskie）和南斯拉夫语支（języki południowosłowiańskie）。

历史语言学家研究发现，三大语支的变化情况截然不同，这种差异可以从原始斯拉夫语的辅音组 or 和 ol 的变化中找到依据。由于缺乏留传下来的文字材料佐证，语言学家们只有通过对比研究有亲缘关系的现代诸语言，从而推测和重构其共同的原始母语。首先，假设包含了以上辅音组的原始斯拉夫语词组为 TorT、TolT，其在西斯拉夫语支中变成了 TroT、TloT，例如，波兰语中的 broda（下巴）、głowa（头部）就是从原始斯拉夫语的 *[1]borda、*golva 演变而来。在南斯拉夫语支中，原始斯拉夫语词组变成了 TraT、TlaT，而在东斯拉夫语支则发展成了 ToroT、ToloT。除此之外，原始斯拉夫语的辅音组 er 和 el 也在三大语支中分别发展。

东斯拉夫人群体所占据的领土广袤无垠，在很长一段时间内其语言内部也保持着较高的一致性，一直到 14 世纪才分裂成俄语、白俄罗斯语和乌克兰语。另一方面，随着时间的推移，在内部分化最严重的南斯拉夫人群体中，其西部的小分支形成两种语言——即斯洛文尼亚语和塞尔维亚－克罗地亚语（język serbsko-chorwacki）。随着南斯拉夫社会主义联邦共和国的解体，塞尔维亚语和克罗地亚语从塞尔维亚－克罗地亚语中独立出来。尽管这两种语言"同根同源"，但是它们今天所采用的书写

1　由于这些原始斯拉夫语的单词只是一种假设，因此在历史语言学中需在单词前添加星号，以区分确有的实际语言形式。

形式截然不同，塞尔维亚语同时使用西里尔字母和拉丁字母两套书写系统，而克罗地亚语仅用拉丁字母书写系统，不仅如此，两者在一些词汇和发音也存在细节上的区别。随后，该语支还分别于1995年和2007年分化出波斯尼亚语（język bośniacki）和黑山语（język czarnogórski）。除了上述的西部出现分化以外，南斯拉夫语支的东部小分支也分成了两种语言，即马其顿语（język macedoński）和保加利亚语（język bułgarski），但与其他斯拉夫语不同的是，这两种语言受到其他非斯拉夫语系的巴尔干语言影响，如罗马尼亚语（język rumuński）、阿尔巴尼亚语（język albański）等，在语法上已经变成了没有名词、形容词等的变格。

历史上，西斯拉夫语支的统一程度也不高。西斯拉夫语支下分离出三个小分支：其一是捷克-斯洛伐克分支（języki czesko-słowackie），它之后逐步衍生出了今天的捷克语和斯洛伐克语；其二是索布诸语言（języki łużyckie），主要是生活在奥得河和易北河之间的斯拉夫部落在使用，当今的索布诸语言使用者分布于德国东部地区，包括了上索布语（język górnołużycki）和下索布语（język dolnołużycki）两个方言群，其中上索布语与捷克语相似，而下索布语与波兰语接近；其三是列克提克语分支（języki lechickie），由古波兰人的方言以及定居在维斯瓦河河口到易北河地带的波美拉尼亚-波拉布部落的方言组成，但是后者语言群体的发展命运多舛，它们基本在德意志人的"东进运动"（Drang nach Osten）[1]中消亡，只有卡舒比语（język kaszubski）由于历史因素与波兰的大陆方言联系密

---

1 "东进运动"是一场长时间的、有组织的、大规模的德意志拓荒殖民运动，其中涉及了中东欧多个地区和国家被迫臣服于德意志。

切，得以幸存至今。由此可见，波兰语与波美拉尼亚-波拉布方言的关系是最为密切的，其次是与其他的西斯拉夫语言，如下索布语、上索布语、捷克语、斯洛伐克语等。

现在学界对印欧语系以及斯拉夫语族的演化仍然存在一些争议，但对斯拉夫语族的谱系有着基本的共识，如下表所示：

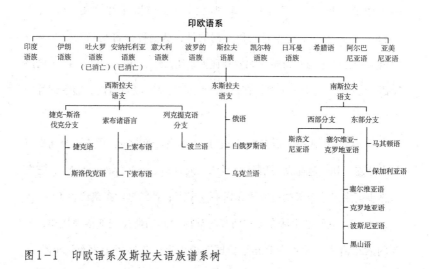

图1-1　印欧语系及斯拉夫语族谱系树

03 ▶ ▷
原始斯拉夫语对波兰语的影响

　　虽然原始斯拉夫语退出了历史舞台，但脱胎于其中的波兰语继承和延续了许多原始斯拉夫语的特征。前文字时期没有任何文本材料可供佐证，因此只能借助历史比较语言学的方法，对这一时期波兰语的语言系统情况及其变化进行理论上的重建，从而推导出原始斯拉夫语对波兰语的影响。

　　学者们研究发现，波兰语中有相当一部分元音和辅音是直接沿用原始斯拉夫语的，具体情况如下表所示：

表1-1　从原始斯拉夫语继承的字母情况

类　别	继承的原始斯拉夫语字母	现代波兰语字母
元音	a、o、u、y、ǫ（即今天拼写中的鼻化元音ą）、i、e、ě、ę、ь、ъ	a、o、u、ó、e、y、i、ą、ę
音节辅音（spółgłoska zgłoskotwórcza）	r̥、ŕ̥、l̥、l̥̓	—

类　别	继承的原始斯拉夫语字母	现代波兰语字母
辅音	p、p'、b、b'、m、m'、v、v'、t、t'、d、d'、s、s'、z、z'、c、dz、n、ń、l、l'、r、ŕ、š、ž、č、(dž)、j、k、g、ch	p、b、m、f、w、t、d、s、ś、z、ź、ż、rz、c、ć、cz、dz、dź、dż、n、ń、l、ł、r、sz、j、k、g、ch、h

由上表我们可以发现，在前文字时期的波兰语言历史发展中，ě、ь、ъ、ŗ、ŕ̥、l̥、l̥'逐渐退出了人们的视野。此外，从原始斯拉夫语继承下来的辅音字母也并非与现代波兰语的辅音字母完全一致。

在语音方面，原始斯拉夫语从印欧语族中继承了升调和降调，其后又另行发展出了新的升调和降调，因此在原始斯拉夫语发展晚期包含四个音调。随着原始斯拉夫语族的解体，除了塞尔维亚-克罗地亚语还保留着这四种音调，斯洛文尼亚语中保留了其中三种之外，这些音调几乎在整个斯拉夫语地区销声匿迹了，而波兰语中的长元音也被缩短了。此外，波兰语还经历了前元音的去颚化、音节辅音ŗ、ŕ̥、l̥、l̥'的元音化、ь和ъ的消失和元音化、补偿性延长、j对元音的合并收缩等一系列变化，它们都是在继承原始斯拉夫语的语音特征的基础上进行嬗变和创新，从而适应新的语言环境。

在词汇方面，根据波兰语言学家塔杜施·莱尔-斯普瓦文斯基（Tadeusz Lehr-Spławiński）的研究统计，现代波兰语中大约有1 700个原始斯拉夫语的词语保留至今，其中包括1 000多个名词、400个动词、170个形容词以及80个其他词性的词汇。波兰语在漫长的历史发展中，部分从原始斯拉夫语中继承下来的词语被逐渐淘汰，而留存至今的这些原始斯拉夫语词汇显然是以语音的形式存在，不复当年的拼写面貌。波兰语继承的原始斯拉夫语的词语可以分为以下类别：

（1）人类的精神生活：duch（精神）、miłość（爱情）、nadzieja（希望）、chęć（意愿）、czucie（感觉）等；

（2）宗教和道德的概念：bóg（神）、cud（奇迹）、raj（伊甸园）、grzech（罪孽）、błąd（错误）等；

（3）世界和生命的观念：żyć（活着）、śmierć（死亡）、czas（时间）、początek（开端）、imię（名字）等；

（4）人类的精神品质：dobry（好的）、zły（坏的）、mądry（睿智的）、głupi（愚蠢的）、szczery（真诚的）等；

（5）物质世界和人体器官：

　　a）地表：ziemia（土地）、brzeg（岸边）、pole（田地）、góra（山）、jama（洞穴）等；

　　b）矿物质：złoto（金）、srebro（银）、żelazo（铁）、skała（岩石）、kamień（石头）等；

　　c）与水类相关：woda（水）、rzeka（河）、morze（海）、strumień（溪流）、wir（漩涡）等；

　　d）天文和气象术语：wieczór（夜晚）、wiosna（春天）、miesiąc（月份）、deszcz（雨）、słońce（太阳）等；

　　e）植物：dąb（橡树）、jodła（杉木）、sosna（松树）、brzoza（桦树）、jabłoń（苹果树）等；

　　f）动物：wilk（狼）、lis（狐狸）、zając（野兔）、bocian（鹳）、

ryba（鱼）等；

g）人体器官：ręka（手）、oko（眼睛）、żebro（肋骨）、wątroba（肝）、żołądek（胃）等；

（6）家庭成员：ojciec（父亲）、córka（女儿）、babcia（祖母）、zięć（女婿）、wdowiec（鳏夫）等；

（7）社会生活：gość（客人）、sąsiad（邻居）、przyjaciel（朋友）、obóz（营）、plemię（部落）等；

（8）经济生活：gospodarz（主人）、pasterz（牧羊人）、kosa（大镰刀）、pszenica（小麦）、stodoła（谷仓）等；

（9）物理特性描述：chudy（瘦的）、wysoki（高的）、biały（白的）、prosty（直的）、łysy（秃头的）等；

（10）活动和状态描述：mieć（有）、chcieć（想要）、iść（走）、spać（睡）、jeść（吃）等。

除上述具体类别以外，还包括了一些基本的代词、数词、副词、介词和连词。波兰语言学家把所有这些词都一致视为原始斯拉夫语的遗产，因为它们是以"土生土长"的斯拉夫语词汇的方式被波兰语所继承。

在语法方面，最为突出的表现是名词形成了新的划分——根据词性（阳性、阴性和中性）的划分取代了基于词形的划分。此前，名词的划分均是基于词形，譬如以o结尾的名词词干分为一类，以u结尾的分为一类，以ā、i及以辅音结尾等的名词词干各自分类。这一进程始于原始斯拉夫语时期，原始斯拉夫语从原始印欧语中继承了划分标准，但词性在这里并没有发挥多大作用，直至前文字时期才实现了重大突破。具体表现如下表所示（以单数阳性名词为例）：

表1-2　从原始斯拉夫语到波兰语的名词分类变化示例

词形分类	原始形式	受到语音影响后的形式	现代波兰语形式
以 -o- 结尾的词干	*uḷkʰo-s	*vḷ'k-ъ（变体为 *vḷ'k-a、*vḷ'k-u 等）	wilk，狼
以 -u- 结尾的词干	*sūnu-s	*syn-ъ（变体为 *syn-u、*syn-ovi 等）	syn，儿子

　　由上表可见，词尾 -o-s 和 -u-s 受到语音变化的影响都发展为 -ъ，这导致原本两种完全不同分类的词干最终交汇，形成了诸如 *vḷ'k-ъ、*syn-ъ 形式的名词。并非所有的变体都完全一致，但是至少在诸如单数主格和宾格等最主要的形式上，具有共同的词干和形式。如此一来，在原始斯拉夫语解体时，就已经出现了词尾的交替现象，而这一现象是语言变体统一过程的最初表现，并且为早期波兰语构建统一的名词变格奠定了基础。与此同时，这也相应地影响了动词、形容词等词类的变化规则，并在后续波兰语的发展中得到进一步的完善。

　　经历长时间的演化，波兰语逐渐从原始斯拉夫语中独立出来，自成一格。在波兰语的动词、代词、形容词、分词等领域中都不难发现原始斯拉夫语的遗产，种种变化共同构成了前文字时期波兰语的重要特征。期间，波兰语的语言系统也经历了十分深刻的变革，时下早已羽翼渐丰，振翅待飞。到了 10 世纪中叶，一个以"波兰"命名的统一国家雄立于东欧平原之上，波兰语的发展迎来了新的曙光。

第二讲

▼

波兰立国后的波兰语

01

波兰王国的崛起

语言和国家的关系相辅相成：一方面，国家的建立能够构筑起地理屏障，通过社会整合保障语言的发展；另一方面，国家也须臾离不开语言，语言能够在国家内部建立起共同的文化和认知感召力，是构建身份归属感的重要文化因素。

回顾历史可以发现，斯拉夫人的立国时间实际上都较晚。已知最早建立的斯拉夫民族国家是623年由西斯拉夫人领袖萨摩大公在今天捷克一带建立的萨摩公国（Państwo Samona）。相较而言，波兰立国的时间则要晚得多。

长期以来，波兰一带地区都被大片的森林和沼泽覆盖，人们把它们作为自然边界，将整个区域分割成了若干个部族领地。在9世纪中叶，一位匿名的"巴伐利亚地理学家"（Geograf Bawarski）记录了数十个聚居在多瑙河以北和易北河以东的部族，其中囊括了在今波兰地区兴起的一些国家组织，并且还载了区域内部主要城堡的名字。可见，当时波兰的斯拉夫人在组成统一的波兰国家以前，部族内部的共同体意识早已萌生，国家雏形逐步呈现。而当时，维斯瓦国家和波兰国家是其中两个实力最强的部族，它们就像两只雄鹰，以睥睨天下的气势盘踞在斯拉夫地区之上，都对统一全波兰的事业跃跃欲试。

维斯瓦国家位于小波兰（Małopolska）地区的维斯瓦河上游，聚集着中世纪早期生活的西斯拉夫部落——维斯瓦部落（Wiślanie），该名字来源于维斯瓦河，意思是"维斯瓦河的居民"。有学者指出，这个国家领域范围可能还包括了西里西亚人（Ślężanie）的领地。维斯瓦国家的城堡数量少，但面积大，在克拉科夫（Kraków）、维希利察（Wiślica）、本津（Będzin）等地区都有分布。维斯瓦国家雄心勃勃，将卢布林（Lublin）等地也置于自己的统治之下，但是大一统的幻想终究还是破灭了。在9世纪下半叶，维斯瓦国家和西里西亚被大摩拉维亚公国（Państwo Wielkomorawskie）所占领。而在该公国瓦解后，维斯瓦国家的领地在10世纪初又被置于古捷克国家的版图之中。

因此，统一全波兰的重任就转移到了位于西北部的波兰国家。当时波兰国家的人们居住在瓦尔塔河（Warta）、奥布拉河（Obra）和普罗斯纳河（Prosna）流域一带，这片区域后来被称为大波兰（Wielkopolska）地区。这里土地肥沃，物产丰富，农业发达，周边还遍布着大大小小的斯拉夫部落。聚居此地的波兰部落被称为"Polanie"，该名字来源于"平原、田地"（pole）。波兰国家内有四个重要城堡，分别位于波兹南（Poznań）、格涅兹诺（Gniezno）、格奇（Giecz）和奥斯特罗·莱德尼基（Ostrów Lednicki），它们一直在波兰国家的发展中扮演着重要角色。其中，位于波兹南的城堡最为庞大，所以学者们推测这里可能是当时波兰国家的行政中心。由于波兰国家设有坚固的防御设施，因而较少受到德意志人和捷克人的侵扰，人们在这里安居乐业。在这个国家雏形框架之下，梅什科一世（Mieszko I，约935—992）于10世纪中叶在格涅兹诺建立了早期的封建国家，原本松散的部落也由此走向了统一的皮亚斯特王朝（Piastowie，约960—1370）。

另一方面，统治者们怀着开疆拓土的野心，在他们的南征北战之下，波兰疆域版图日益扩大，内部的斯拉夫部落文化也越来越多元化。在10世纪初，皮亚斯特王朝的统治者们就开始逐渐向周边地区扩张，首当其冲的是与自己语言关系密切的相邻部族，最先被纳入王朝版图的有波美拉尼亚和马佐夫舍（Mazowsze）等部落的领土。到10世纪末，即梅什科一世统治末期到"勇敢的"鲍莱斯瓦夫一世（Bolesław I Chrobry，967—1025）统治初期，统治者从捷克手中夺取了维斯瓦和西里西亚的部落领土。如此一来，在10世纪和11世纪之交，波兰的疆域几乎覆盖了整个奥得河和维斯瓦河流域，当时的波兰还被认为是仅次于罗斯（Ruś）的第二个斯拉夫国家。

国家的建立是波兰语能够从列克提克语分支中分离出来的重要因素。在这样一个"多元一体"的格局中，各族群在文化碰撞中相互包容、消弭差异，不断增强民族命运共同体意识，从而进一步促进共同体的生存与发展。在语言史上，一个重要的外化表现是部分词汇的词意延伸，例如，"Polan"原本只是作为族群的名称，现在其词意拓展了范围，代表疆域内部所有族群的集合。此外，"Polska"原本的意思是"田野的"（同"polna"）、"田野丰富的"，后延伸为整个国家的意思，该词意的拓展也使得波兰语将"大波兰地区"表达为"Wielkopolska"，其意为"旧波兰"（starsza Polska）或者"波兰主要地域"（główna Polska）。正如上文所述，大波兰地区是早期波兰人的聚居地，是波兰立国的摇篮，所以这一表达实际上是与历史脉络相吻合的。而在"Polan"词意延伸的基础上，"Polanie"的内涵也发生了相应的变化，它表示的是该地区的所有居民，不再局限于大波兰地区内原来的波兰部落。10世纪和11世纪之交的拉丁文文献《圣沃伊切赫传》（Żywot św. Wojciecha）中，"勇敢的"鲍莱斯瓦夫一世被称为dux Polaniorum，即波兰人的大公（książę Polan），这是大一统的波兰概念的最初文字记载。

尽管时下的波兰人对国家认同的意识尚在襁褓之中，在漫长的历史中，国家疆界也会因为大大小小的纷争而不断改变，以至于正在形成的波兰语言社区内部民族血统相对混杂，但是这个以波兰人为中心而建立的国家，其边界内各个部族的风俗习惯、精神文化、价值趋向都在互相影响和渗透，语言上的交融也在逐渐增强。随之而来的是波兰人的语言与国界以外邻近部落语言之间的差异越来越大，这也进一步推动了波兰民族共同体意识的凝聚和提升。

02 ▶ ▷
基督教传入对波兰语的影响

　　在9至10世纪，斯拉夫人在各地建立起早期的封建国家，并且不同程度地受到西欧文化和拜占庭文化的影响。一些较早接触基督教的斯拉夫国家分别皈依了基督教文明的两大文化圈，即拉丁文化圈和拜占庭文化圈，接受基督教对于斯拉夫诸民族来说是历史上具有重大意义的事件。实际上，在接受基督教化之前，大部分斯拉夫人信奉多神论，崇拜宇宙间的众多神灵，且信仰的神明因地而异，因时而异。接受基督教之前，波兰信奉的也是多神教，种种自然现象都被奉为神明，譬如火神斯瓦罗日茨（Swarożyc）、太阳神达季博格（Dadźbóg）等。但是这种宗教没有组织，没有教阶制度，不可能成为一股统一的力量来强化国家观念。

　　962年，奥托一世（Otton I Wielki）在加冕为神圣罗马帝国皇帝之后，力图利用基督教向东扩张。梅什科一世考虑到捷克皈依基督教后所带来的利益与安全保障，为了维护波兰的主权和独立，他于965年与捷克公国的大公鲍莱斯瓦夫一世（Bolesław I）的女儿杜布拉娃（Dobrawa）联姻。966年，梅什科一世按照拉丁仪式，接受基督教并在国内开始推行，这是波兰历史上一个非常重要的时间节点。自此，基督教就开始对波兰语的发展产生巨大的影响，其重要性不亚于国家的建立。

首先，基督教作为意识形态，是上层建筑的一部分，它指导一个国家发展的方向和进程，并能对国家政治产生特殊的影响力。就基督教本身而言，其基本教义之一是认为上帝只有一个，因此国家也只能由一位君主来治理。显然，波兰皈依基督教的抉择在一定程度上有利于巩固国家的稳定和统一。另一方面，教会组织强化了国家这一集体，皮亚斯特王朝的先君们在宗教领域上尽可能地避免对外国的依赖。波兰在皈依基督教两年后的968年，在波兹南建立了主教区，该教区直接隶属于罗马教廷，紧接着全国各地陆续接受了基督教。1000年，德意志皇帝奥托三世（Otton III）同意波兰在格涅兹诺建立大主教区，并分别于克拉科夫、弗罗茨瓦夫（Wrocław）和科沃布热格（Kołobrzeg）设立主教区。值得一提的是，比波兰更早皈依基督教的捷克，直到14世纪才在其首都布拉格（Praga）设立大主教区。对国家和民族来说，波兰独立的大主教区能够将内部分散的个体联结起来，使之具有相互依存的良性互动关系，起到增强民族凝聚力、助推共同体建构的重要作用。在对外关系中，皈依了占当时欧洲统治地位的基督教之后，波兰获得了更高的国际地位，也阻挡了神圣罗马帝国以在斯拉夫人异教徒中传播基督教为由进行东进扩张的道路。

文字书写是文学创作出现的前提，是民族文化发展的基础。基督教对波兰历史语言发展产生了重要的影响，为波兰人带来了一种先前没有接触过的文字——拉丁字母。有学者曾提出过一个假设，即在波兰基督教化之前存在一种与日耳曼或凯尔特符文特征相似的斯拉夫卢恩字母（runy），但这一假设没有得到任何科学证实。波兰皈依基督教接受的是拉丁仪式的洗礼，此举促进了拉丁字母在波兰的使用。为了使拉丁字母与波兰语的语音相匹配，波兰人做出了相应的调整。这些调整极大地推动了波兰语的发展，拉丁字母至今仍然是世界上使用最广泛的书写体系，有利于波兰语的发展及对外传播。

　　在波兰接受基督教洗礼后的几个世纪里，拉丁语写作的数量远远超过母语写作的数量，所以人们大多认为拉丁语的角色和地位阻碍了波兰语的发展。波兰语要想在社会文化生活中获得应有的位置，就必须与拉丁语作一场长时间的艰苦斗争。一直到文艺复兴时期，波兰语提升了其在学术写作领域的地位，这才打破了拉丁语在小说和政论领域的垄断。有趣的是，中世纪波兰社会的广大民众实际上对拉丁语并不理解，在翻译日常祈祷文、诗篇、圣经、布道等礼节方面，或是法庭誓言、翻译法律条文等社会生活方面，都需要波兰语作为辅助语言。尽管类似这种对波兰语的需求并不显得特别急迫，但也足以刺激波兰标准语的出现和发展。这一点可以类比那些皈依拜占庭帝国基督教的斯拉夫民族，他们采用古教会斯拉夫语（język staro-cerkiewno-słowiański），并将这种语言应用在礼拜仪式和文学中。古教会斯拉夫语是斯拉夫语族最早的书面语，是9世纪中叶来自拜占庭帝国的传教士基里尔（Cyryl）与麦托迪（Metody）两兄弟到大摩拉维亚公国进行传教活动时，结合周遭地区的南斯拉夫语方言所制定的标准化语言。实际上，古教会斯拉夫语在这些拜占庭文化圈内的斯拉夫国家中，类似于当时拉丁语在波兰所发挥的作用。这一时期斯拉夫国家的语言多样性仍然相对较为贫乏，因此在一般情况下，这些采用古教会斯拉夫语国家的普通民众大致可以理解这门语言，这也导致各自的民族语言无须发挥其补充和辅助的功能，因而这些国家或民族的标准语产生的时间也相对较晚。不过，标准语延迟出现的原因并不单单于此，还包括一些不利的政治条件和复杂的历史原因等。

任何一门语言的发展都离不开学校教育，波兰教育的发展也得益于对基督教的皈依。当时，教育基本上为教会所垄断，学校的首要任务是培养神职人员。波兰最早的学校始于11世纪初，由来自神圣罗马帝国的神父在格涅兹诺大教堂建立。随着基督教在全国的传播，一个相对密集的教区学校网络逐渐覆盖了整个波兰。13世纪，各个教区都建起了学校。学校里主要教授的语言是拉丁语，但波兰语在教学中作为辅助语言也不可或缺。学校环境在波兰标准语的形成中也发挥了巨大的作用，尤其值得一提的是克拉科夫学院（Akademia Krakowska）在15至16世纪波兰语的语言规范问题上作出了重要贡献。

梅什科一世皈依基督教的直接原因是他与捷克大公鲍莱斯瓦夫一世的女儿杜布拉娃的政治联姻，所以西方文化对波兰语最初的影响也是经由捷克这座桥梁。在波兰接受基督教之后，波兰为了培养自己的大主教和主教，开始陆续向西欧各国派遣留学生，西欧文化也随之源源不断地流入波兰。期间，王室的联姻也成为波兰对外交流的一种良性互动方式。在这样的背景之下，波兰语的语言资源得到进一步丰富，尤其体现在单词和词组方面。在整个波兰语历史上，拉丁语借词是外来词汇中最大的群体，尽管许多词语现在已经不再使用，但它们对于波兰语的发展仍然意义非凡。波兰语早期的抽象词语主要得益于拉丁语和捷克语的贡献，这也是我们接下来将要学习的内容。总而言之，基督教为波兰语提供了一个丰富语料的新渠道，并且为波兰语言历史添上了浓墨重彩的一笔。

03 ▶ ▷
以捷克语为媒介输入的外来词

　　语言是一面镜子，既展现本土文化的风姿，又映射出特定的社会环境所显现的文化风格。从波兰"多元一体"格局中，我们不仅能看出斯拉夫民族内部多元文化的融合和传承，还能发掘出外族文化对波兰文化的持续输入与渗透。在语言体系中，词汇兼有开放和动态这两个特征，所以在与外来文化之间进行深度的交流之后，越来越多的外来词也输入波兰语之中。归根结底，外来词的输入是一种顺应时代趋势的外化表达，与当时的语言文化需求相契合，并最终引导波兰语的词汇体系向着更加深入和广泛的方向扩展。

　　在前文字时期，有大量的外来词涌入了波兰语，其中数量最多的是在梅什科一世接受基督教洗礼后由捷克语传入，且与基督教相关的词汇。那么，捷克语为何成为了连接波兰语和外来语言的关键纽带呢？首先，梅什科一世接受基督教洗礼是以他与捷克公主的联姻为基础，这就相当于捷克为波兰开启了一扇眺望世界的窗户。其次，通过上一讲对斯拉夫语族架构的厘清，我们可以明确了解到波兰语和捷克语同属于印欧语系斯拉夫语族的西斯拉夫语支，因而它们在语言系统上有着很高的相似度。再次，两国地理位置毗邻，且文脉相近，这为外来文化的涌入提供了便利。综合以上优势，捷克语在波兰语外来词的输入过程中确实扮演着至关重要的角色。

经研究，各色起源不同的基督教术语词，其共同特点是最终汇集到捷克语，然后再流入波兰语。捷克语为流入波兰语的外来词粉饰装扮，将词形转变为更贴近斯拉夫语言的特点，抑或淡妆，抑或浓抹，最终使得那些词语融入波兰语后总是相宜的。不过，为了提高与波兰语言体系的适配度，尽管外来词之前已经经历了斯拉夫化过程，但在传入波兰语之后，诸如语音、词性、语法等方面仍有可能发生进一步的变化。例如，波兰语 anioł（天使）最开始是源于希腊语的 ἄγγελος（angelos）（特使），随后拉丁语继承为 angelus，接着捷克语引用为 anděl，这个词的引入经历了"希腊语—拉丁语—捷克语—波兰语"的曲折路线。自西方引入的道路上，还有一条更短的路线，即"拉丁语—捷克语—波兰语"，现在波兰语词汇中如 pacierz（祈祷）、poganin（异教徒）等均源于此。

在捷克语引入基督教术语的过程中，德语作为媒介之一也在其间发挥了重要作用。如 biskup（主教）、jałmużna（施舍）、mnich（和尚）等波兰语词是通过"希腊语—拉丁语—德语—捷克语—波兰语"的路径传入；而 klasztor（僧院）、kościół（教堂）、ofiara（祭品）、msza（弥撒）、krześcijanin（基督教徒，18世纪以后才演变为 chrześcijanin）等波兰语词则都是通过"拉丁语—德语—捷克语—波兰语"的路径传入。另外，学者们也发现罗曼语族（języki romańskie）在波兰语外来词的引入过程中也发挥了媒介作用。罗曼语族是从意大利语族衍生出来的现代语族，主要包括从拉丁语演化而来的西班牙语、法语、葡萄牙语、意大利语、罗马尼亚语等现代诸语言。罗曼语族所发挥的媒介作用与上述的引入路径也是相仿的，我们可以通过对现在的papież（教皇）一词进行分析，它的引入路线是：中世纪拉丁语（pāpa）—法语（papes）—古高地德语（język staro-wysoko-niemiecki）（bâbes）—捷克语（papež）—波兰语。

前文字时期与基督教无关或只有间接关系的外来词要少得多，其中有来自拉丁语的借用，如sobota（星期六）、maj（五月）、szkoła（学校）等。同样，也有部分拉丁语词通过捷克语或德语传入，如olej（油）；其中也不乏来自德语外来借用词，有的直接来自德语，有的通过捷克语，如bursztyn（琥珀）、perła（珍珠）、rycerz（骑士）等，部分词语的使用也在一定程度上证明了当时德意志诸国与波兰之间活跃的商业联系，以及对波兰社会生活组织的影响。

在有关基督教的词汇中，语义的引入也是值得关注的领域。例如，niebo在波兰皈依基督教之前只有"蓝天"的意思，而此后就拓展了"天堂"的词意；święty在之前的含义为"强有力的"，在引入基督教之后就拓展了"圣人"的词意。

波兰语对外来词的引入广辟途径，不拘一格。波兰语在对外交流中大量汲取外来词资源，极大地丰富了波兰语言体系，激活了语言的张力，同时也生动展现了当时波兰人生活的不同侧面。波兰王国的崛起和基督教传入都为波兰开启了新的篇章，但在滚滚向前的历史长河之中，还有着诸多风云变幻的历史节点和继往开来的重要关头。当下，波兰语在国家统一、社会稳定的时代背景下稳步发展，并且开始迈入文字时期。在新时期，波兰语又会面临怎样的机遇和挑战呢？接下来就让我们一探究竟吧！

第三讲

▼

古波兰语时期的波兰语（12 世纪中叶—15、16 世纪之交）

有文字记载的真正意义上的波兰语应该始于 12 世纪。在其后八个世纪的语言发展史中，不论是波兰语的语法与词汇系统的演变，还是语言运作背后的驱动力，都主动或被动地参与到社会生活的演进中，据此可以将波兰语史划分为三个发展阶段：古波兰语时期、中古波兰语时期和现代波兰语时期。

01 ▶▷
波兰文字的出现

　　波兰在接受基督教之前并没有自己的文字，波兰语书写史是随着基督教的引入而开始的。文字书写的技能由基督教的神职人员带到波兰，当时教会的僧侣阶层是唯一可以接受教育的阶层，他们普遍使用与罗马教廷相同的拉丁文。波兰最初的文献，如编年史、年鉴、各种官方的文件等均以拉丁文写就，例如《加尔编年史》(*Kronika Galla Anonima*)、《卡德乌贝克编年史》(*Kronika Wincentego Kadłubka*) 等。但在某些情况下，文件中无法避免波兰语元素的出现，尤其是提到波兰地名和人名时。大多数情况下在提到人名或是河流、村庄、城堡等名称时都保留了波兰语的原始形态，只有述及某些最重要的地理名称或国王的名字时采用了拉丁化的处理方式，即在波兰语原型上添加拉丁文词尾予以改造，例如：河流名维斯瓦河拉丁化后为 Vistula（波兰文为 Wisła），国王名鲍莱斯瓦夫拉丁化后为 Boleslaus（波兰文为 Bolesław），国王名斯塔尼斯瓦夫拉丁化后为 Stanislaus（波兰文为 Stanisław），城市名克拉科夫拉丁化后为 Cracovia（波兰文为 Kraków）。

被称为波兰语言史上最珍贵的档案之一的《**格涅兹诺诏书**》（*Bulla gnieźnieńska*）是一份1136年7月7日由罗马教皇英诺森二世在比萨颁布的教宗诏书，以拉丁文书写而成，这份诏书确定了格涅兹罗大主教雅各布对波兰教会的宗主权。在该诏书中首次列举了大约410个以波兰语原始形式写成的波兰人名和地名，由此开启了波兰的文字书写时代。这份诏书既是研究波兰语音系统、文字造词法与词源的重要依据，也是了解11、12世纪波兰文化、社会现状与教会组织的重要来源。语言学家亚历山大·布鲁克纳将这份诏书称为"波兰文的金色诏书"（*Złota bulla*）。诏书的草稿应该是出自格涅兹罗大主教区的办公厅，被提交到罗马教廷后，由教皇和红衣主教们签字并按照教廷格式进行了发布。最新的研究结果表明，该诏书并不是原件，而是1140—1145年间的复制版，但这并不影响语言学家们对其历史意义的评判。这份重要文件至今仍保存在波兰格涅兹诺大主教区档案馆里。《格涅兹诺诏书》的问世也标志着古波兰语时期的开始，该时期一直持续到15世纪末16世纪初。这一时期的波兰语言系统随着波兰社会及文化的发展变迁也发生了重要变化，波兰语在社会生活中开始发挥起日益重要的作用。

1155年由教皇哈德良四世颁布的《**弗罗茨瓦夫诏书**》（*Bulla wrocławska*）里列举了大概80个波兰西里西亚地区的人名与地名，被称为"银色的西里西亚诏书"（*Srebrna bulla śląska*），这是西里西亚地区最古老的波兰语文物之一。另一份同样出现了古波兰语痕迹的文件是1204年的《**切布尼察特权书**》（*Przywilej trzebnicki*），这份大胡子亨利大公为切布尼察修道院授权的文书里面出现了约230个波兰语人名和地名。

图3-1 《弗罗茨瓦夫诏书》

1270年写成的拉丁文编年史《**亨利科夫之书**》(*Księga henrykowska*)是另一部波兰语言史上的重要文物，其作者是西里西亚亨利科夫修道院的院长约翰神父，编写此书的最初目的是登记1241年蒙古突袭期间被掠夺的修道院财物，随着时间的推移，书中记录的内容被扩展到修道院的历史。值得注意的是，此书是最早出现完整古波兰语句子的文献。《亨利科夫之书》目前被收藏在弗罗茨瓦夫的大主教区博物馆，2015年10月9日，该书被列入联合国教科文组织的"世界记忆"名单。全书长达100页，第一部分专门介绍了从1227年由大胡子亨利创立修道院到1259年之间的早期历史；第二部分包括其后到1310年的历史。在1270年的记录中，出现了最早的古波兰语句子："Daj, ać ja pobruszę, a ty poczywaj"（"给我，让我来磨，你休息一下"——这是附近村庄的定居者对他的妻子所说的一句话）。

图3-2 《亨利科夫之书》第一页

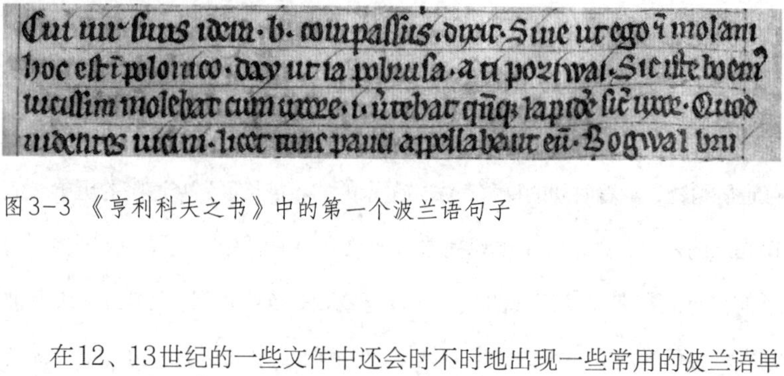

图3-3 《亨利科夫之书》中的第一个波兰语句子

在12、13世纪的一些文件中还会时不时地出现一些常用的波兰语单词，包括一些贡赋、义务的专用词汇及其他有关封建赋税的名称，例如：stroża：指在城堡中担任警卫的义务；podworowe：房屋税；poradlne：耕地面积税；narzaz：为公爵餐桌提供待宰杀动物的义务；ślad：追踪和捕获罪犯的义务；głowa：向公爵交纳的杀人赔偿款。可以看出，这些都是缺乏拉丁语对应词的波兰语特有词汇。

之后的几个世纪里，波兰语的特有名词在各种文件中出现得愈加频繁，但其重要性在语言史上已经逊色多了，因为此时已经出现了通篇用波兰文写成的作品。据目前的发现，最古老的波兰文作品是波兰中世纪的宗教歌曲《圣母歌》(*Bogurodzica*)，确切地说是这首歌的前两节，因为后面的篇章显然是更晚时期的创作。这首歌从15世纪开始成为了波兰-立陶宛大公国的国歌，也是波兰最早的一首国歌。关于歌曲产生的确切时间，多年来一直是学界争论和研究的问题，从10世纪到14世纪说法不一，尽管该文本的最早书面记录只能追溯到15世纪初（1407年）。

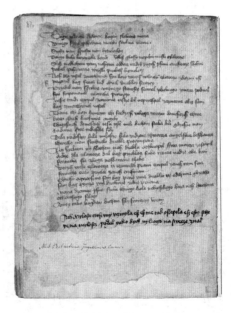

图3-4 《圣母歌》手稿

波兰最早的散文文献《圣十字布道》(*Kazania świętokrzyskie*)的创作时间大致在13世纪末14世纪初，已被发现的最早手稿至今保存于华沙国家图书馆内。这份手稿是由亚历山大·布鲁克纳（Aleksander Brückner）于1890年在圣彼得堡的帝国公共图书馆里发现的，他在一本包含《使徒行传》和《启示录》的装订手抄本中找到了这份并不完整、且破损严重的文件，分别被书写在18个羊皮卷中，其内容包含了一部完整的布道书和五个或长或短的布道文稿章节。这份文献的原作成文于13世纪末到14世纪初，而图书馆中发现的版本是一份诞生在14世纪末的复制品。

图3-5 《圣十字布道》手稿

02 ▶ ▷
拼写规则的起源

　　波兰国家按拉丁仪式皈依了基督教，这对波兰语采用拉丁字母体系起到了决定性的作用。从最初只是运用拉丁字母来拼写出个别波兰语单词，到后来扩展到整篇的波兰语文章，这个发展过程中充满了艰辛和困难。因为拉丁字母只有24个（最初只有20个），而中世纪的波兰语有更多的语音变化，让拉丁字母不敷使用。拉丁字母在元音的发音上还可以勉强对付，拼写出相近发音的词语（拉丁元音字母中仅缺乏鼻元音ę和ą的对应字母），但辅音（尤其是软辅音）字母就缺少得太多，致使很多词都无法准确地按照波兰语发音拼写下来，只能做到尽量接近。此外，当时写作的人基本都是外国人，他们对波兰语发音的掌握也不够到位，每个写作者又都是按照自己的拼写习惯手写文书，由此致使很多早期的手抄稿至今都如天书一般无法识读。随着时间推移，很多大主教、大公的办公厅以及较大规模修道院开始着手制定拼写规则，但都仅限于当地，当时没有任何一个机构可以来协调统一全国各地的拼写规则。例如当时波兰大公梅什科的名字Mieszko在拉丁语文献中被拼写为Mesco，这是因为在拉丁语中并没有发音为 mi 的字母，只能拿最接近的 me 替代，基于同样的原因，用 s 替代波兰语的近似音 sz, c 替代波兰语中发音相同的 k。这个人名的拉丁文拼法还算比较接近波兰语的发音，尚可被人理解，但有些复杂的单词，例如在记载梅什科大公皈依基督教的历史记载文献中出现的 Schinesghe、Alemura 之类的拼写到底对应什么波兰语词汇，至今也无法被语言学家解析出来。

波兰语拼写规则的确立经历了两个阶段，从最初到 14 世纪最后十年是单字母简单拼写时期，之后是二合字母出现的时期。简单拼写时期的拼写规则实质上就是将拉丁语的字母直接套用到波兰语词汇上。如前所述，因为拉丁语字母发音要少于波兰语的发音，这种套用就会出现不可避免的后果：一个拉丁字母要代表多个波兰语发音。例如拉丁语字母 d 必须要替换波兰语中四个相近的发音：d, dz, dź, dż, 拉丁字母 l, 则必须代表波兰语的两个发音完全不同的字母：l 和 ł, 这就为阅读带来很大的困扰。当一位 14 世纪的书记官记录名词 dal（远处）、动词 dał（他给了）、名词 dział（分支）都会用拉丁字母拼写成 dal, 记录者本人或许可以清楚地分辨理解其中的差别，但对于读者来说，就如同猜谜游戏一样，需要根据上下文来判断这里的 dal 到底是指 dal、dał 还是 dział。到了 14 世纪末，随着越来越多的波兰语文章问世，对精准按照波兰语发音记录文字的需求也变得越来越强烈，波兰语逐渐从单字母简单拼写时代进入复合字母拼写时期，出现了拉丁文字母中没有而波兰语特有的字母和由两个、甚至三个拉丁文字母组成的复合字母，例如上文提到的 dz, dź, dż, ł 等。

复合拼写时期并没有实现每个波兰语发音都有对应的独立字母的目标。尽管字母的增加已经让阅读者少了很多困扰，但仍没有彻底摆脱猜谜的状况。每个记录者依然根据自己的习惯和个性化手法处理那些没有对应字母的波兰语词汇，使这种混乱状态依旧持续了相当长的一段时间。

直到约1440年，波兰才出现了第一部正字法论著，作者是曾担任过三届克拉科夫学院院长的雅库布·帕尔科绍维茨（Jakub Parkoszowic）神父。雅库布抱有一颗爱国之心，希望尽早结束波兰语的混乱状态，不愿看到自己民族语言书写规则的建立晚于其他欧洲国家。他提出了完整的拼写体系，为每个波兰语发音都安排一个对应的字母。尽管他的愿望是美好的，但实践结果却差强人意。可以推测出，雅库布神父提出的正字法规则曾受到捷克宗教改革先驱扬·胡斯（Jan Hus）的影响。胡斯提出了一套变音符系统，通过在拉丁字母上标记符号（如点，钩等）区分一些在拉丁语中不存在的对应发音。或许是雅库布神父对胡斯遭天主教会判处火刑而死心有余悸，在波兰语正字法的细节上不敢完全效仿胡斯的方法，导致其正字法在实践中并不是很实用。例如，为了区分软辅音和硬辅音的p, b字母，他将软辅音记录为圆形的（p, b），而硬辅音记录为方形的（**p, b**）这种做法的弊端是，在印刷术尚未诞生的手写时代很难写得准确，尤其是需要快速记录时。但帕尔科绍维茨的正字法毕竟是波兰语言史上第一份关注波兰民族语言的证明文件，彰显了波兰人出于爱国主义而关注民族语言文化所做出的努力。此外，这部论著还具有很高的语言史研究价值，里面详细记录了15世纪波兰语发音的特征。

03
标准语的发轫

　　大多数民族语，都有或多或少的差别、或大或小的若干方言，同时都以其中之一或者以某一方言为基础形成共同语作为这个民族语的标准语[1]。因而，方言是标准语规范化的基石，并在推动标准语的发展过程中发挥着重要作用。历史上，波兰语标准语的方言来源问题引起过诸多讨论，学者们积极探索标准语究竟是基于何种方言形成，并由此分为了大波兰方言（dialekt wielkopolski）派和小波兰方言（dialekt małopolski）派两大阵营。1883年，安东尼·卡利纳（Antoni Kalina）在其著作《波兰语言史》（*Historia języka polskiego*）中提出大波兰方言是标准语的起源，而这与早期弗朗齐谢克·萨莱齐·德莫霍夫斯基（Franciszek Salezy Dmochowski）提出的小波兰方言起源说相悖，由此开启了两派之争。论战持续不断，人们在标准语起源的问题上不断引申，论战的内容还扩展到了对标准语起源具体时间的探讨。

1　中国大百科全书总编辑委员会《语言文字》编辑委员会，《中国大百科全书·语言文字》，中国大百科全书出版社，1988，第478页。

在标准语起源时间的研究方面，学者们首先关注的问题是：需要多少具体的语言规范才能合理地证明一种标准语的存在？在现代波兰语中，一些地区拥有本土独有的词汇、语音或语法形式，例如，"灰尘"的标准语是"kurz"，而克拉科夫的波兰人则拼读为"proch"。在语音上，hołota（乌合之众）的首字母发音是清辅音［ch］，而来自波兰前东部领土[1]的波兰人则采用了浊辅音［h］。尽管不同地区的波兰语存在着差异，我们依旧认为波兰语的标准语是存在的。

围绕语言规范的数量问题，语言学家斯坦尼斯瓦夫·乌尔邦契克（Stanisław Urbańczyk）提出，"自第一个详细的语言规范出现以来，我们就一直在与标准语打交道了。"换言之，标准语是一直动态发展且不断趋向规范化的，它出现的时间等同于最早的语言规范出现的时间。因此，人们只需要找到最早的语言规范就能够证明标准语的诞生。

有学者发现，一些中世纪文献的拼写与其来源地的习惯用语并不一致，这很可能是受制于语言规范所导致的，因此他们猜测在中世纪的早期文献中可能已经出现了最早的语言规范。例如，《格涅兹诺诏书》源自波兰北方，当地使用的是以re-为首音音节（nagłos）的词汇，但事实上在《格涅兹诺诏书》中出现以ra-为首音音节的词汇更多，而这理应是南方波兰语的常用表达。这并不是个例，在《格涅兹诺诏书》中使用南方波兰语的以-ek、-ec为后缀的词汇同样更加频繁，而北方波兰语的以-k、-c为后缀的词汇明显更少。在《圣十字布道》中也存在类似的情形，该文献源自小波兰地区的克拉科夫，当地最常用的连词是eż(e)，但《圣十字布道》却更频繁地使

用iż(e)的拼写。

然而，对于这些证据是否足以证明最早语言规范的形成，有学者提出了质疑：其一，可能只是当时格涅兹诺附近地区较少采用re-为首音音节的词，才会出现更频繁地使用以ra-为首音音节的词的情况，所以无法排除这种现象是地方自发形成的语言特色的可能。其二，由于当时的文献资料不足，没有其他文献可以清楚说明同时期其他地区的语言情况，所以无法得知当时诸如连词iż(e)和eż(e)的使用区域分布是否与我们现在了解的地理分异情况一致。

14世纪末出现的法庭宣誓文本（roty sądowe）扭转了这一局面，借助于这些文本，研究者能够清晰地了解其所涉地域的口语情况。中世纪的波兰法庭设有专门负责撰写官方文书的办公室，抄写员除了会记录庭审的具体日期和地点，还会原封不动地抄录庭审的真实过程，即记录下每一位发言者口述的原文，其中就包含了口语风格、方言形式，有时甚至是粗言秽语和语法错误，所以这些文书对探究当时波兰语和各地方言有着重大意义。

《弗洛里安诗篇》（Psałterz floriański）出自小波兰地区的克拉科夫，在文本中频繁出现的"荣耀"一词均拼写为"chwała"的形式。然而学者们发现，在与《弗洛里安诗篇》同时期的克拉科夫法庭宣誓文本中，当地日常口语中使用的"荣耀"一词拼写为"fała"。此外，连词iż(e)和eż(e)的情况也与之类似。因此，可以把14世纪末作为研究标准语的一个重要历史节点。但我们也不能完全否认诸如《格涅兹诺诏书》《圣十字布道》等早期文献中已经存在了最早语言规范的可能性，因此更准确地说，波兰语的标准语产生于14世纪末，甚至可能在更早以前。而到了16世纪，印刷术的广泛应用促进了波兰语标准语的格式化和固定化。

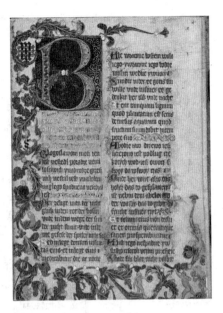

图 3-6 《弗洛里安诗篇》

　　标准语的起源地问题也颇具争议性，学者们首先提出了"一源论"，在"单一方言演变成标准语的假设"方面达成了一致，并试图通过国家政治和文化中心来判断起源地。然而，波兰历史上的国家权力中心曾多次迁移。政权最初在大波兰地区立国，格涅兹诺和波兹南先后成为国家首都，格涅兹诺还建立起波兰第一个都会区，因而大波兰地区在政治、文化、宗教上的影响力都十分显著，所以相当一部分学者支持标准语的起源与大波兰方言有关。大波兰方言派理论的支持者有安东尼·卡利纳、亚当·克林斯基（Adam Kryński）、卡齐米日·尼特斯赫（Kazimierz Nitsch）、斯坦尼斯瓦夫·乌尔邦契克等一众专家。后期，地处小波兰地区的克拉科夫成为波兰首都，在此还建立了波兰第一所大学和早期的印刷厂，所以还有部分学者认为标准语是基于小波兰方言形成的。小波兰方言派理论的支持者有亚历山大·布鲁克纳、维托德·塔希茨基（Witold Taszycki）、斯坦尼斯瓦夫·绍贝尔（Stanisław Szober）、塔得乌什·米莱斯基（Tadeusz Milewski）等。

下表为两个派别根据具体的语言特征提出的部分论点：

表3-1　大波兰方言、小波兰方言与标准语的对比（部分列出）

大波兰方言	小波兰方言	波兰语标准语
没有辅音不清现象[1] 如：szyja, życie	具有辅音不清现象 如：syja, zycie	没有辅音不清现象 如：szyja, życie
采用"chw-"辅音组的形式 如：chwała, chwila	采用"f-"的形式 如：fała, fila	采用"chw-"辅音组的形式 如：chwała, chwila
具有语音交替现象，在硬辅音后为-ow-，软辅音后为-ew- 如：Marcinowi, Maciejewi	在硬辅音和软辅音后一致为后缀-ow- 如：Marcinowi, Maciejowi	没有语音交替现象 如：Marcinowi, Maciejowi
不采用缩略形式 如：bojać się, stojać	bać się, stać 类型的词采用缩略形式	bać się, stać 类型的词采用缩略形式

在小波兰方言中存在辅音不清现象，但在大波兰方言和标准语中都没有，这就成了支持大波兰方言起源学派的学者的一个重要论点。而支持小

1　辅音不清现象（mazurzenie）：将齿龈辅音sz, cz, ż, dż发成舌齿音s, c, z, dz，类似汉语拼音中的z与zh, c与ch不分。

波兰方言起源论的学者们对此持反对意见，他们认为中世纪手稿对齿龈辅音和舌齿音的抄写并不一致，仅靠这一点不足以判断辅音不清现象是当时小波兰方言的特征，还是在以小波兰方言为基础形成标准语以后，小波兰方言再发生改变的。除此之外，学者们还围绕语音、语法、词形等方面进行争辩。

论战持续了约一个世纪，到20世纪60年代，出现了糅合大波兰方言派和小波兰方言派两方观点的演化论（teza ewolucyjna），这是一种认为标准语主要以大波兰方言为基础，而小波兰方言对标准语规范的塑造有重要作用的“多源论”。根据演化论的观点，标准语的语言规范数量会随着时间的推移而不断更新和增长，最终形成的标准语并不是以单一方言为基础的，它除了融合了大波兰方言、小波兰方言，还有边疆方言（dialekt kresowy）、马佐夫舍方言（dialekt mazowiecki），甚至部分捷克语的语言特征，同时还创造了一些新的内容。

关于标准语的口语形式问题，语言学家博格丹·瓦尔查克（Bogdan Walczak）指出，随着印刷术的普及和应用，印刷品被大量生产，波兰语在文本中所体现的标准化形式才开始逐渐渗透到受教育阶层的口语当中，从而产生了标准语的口语形式。

下一讲，我们将会走进中古波兰语时期。16世纪的波兰盛极一时，迎来政治相对稳定，经济、文化全面发展的“黄金时代”，尤其是印刷业繁荣、母语文学蔚兴，为波兰语展开了新的篇章。然而，随着国运的此消彼长，中古波兰语时期的波兰语在浮沉中不断寻找“突围”的路径。

第四讲

▼

中古波兰语时期的波兰语（15、16 世纪之交—18 世纪中叶）

01 ▶ ▷
"黄金时代" 的兴衰与波兰语的发展

在中古波兰语时期，欧洲正经历着翻天覆地的历史性变革，文艺复兴、宗教改革、启蒙运动、资产阶级革命、地理大发现等一系列重大事件使欧洲完成了从中世纪向资本主义的转变。欧洲的历史变化同样深刻地影响着波兰，16世纪至17世纪初波兰的政治、经济、文化、社会生活都得到空前的发展，波兰人的辉煌时刻就此来临。

同欧洲其他国家一样，波兰的中等贵族在国家事务中起着举足轻重的作用，一些史学家甚至将16世纪的波兰称作中等贵族的"黄金时代"。1505年宪法改变了波兰原有的政治体制，初步确立了波兰的贵族民主制，这实际上是长久以来国王和贵族之间在权力分配问题上博弈的结果，最终王权受制于贵族。宪法规定，国家的最高的权力机关是两院制全国议会，国家政权由国王、参议院和众议院三个权力中心共同执掌。在贵族民主制下，代表王室利益的国王、代表大贵族利益的参议院和代表中等贵族利益的众议院依旧纷争不休，斗争的结果是王权和大贵族的权力受到削弱，而中等贵族的权力与日俱增。1569年卢布林联合（unia lubelska）缔结后，随着立陶宛贵族的加入，波兰立陶宛联邦王国（Rzeczpospolita Obojga Narodów，1569—1795）宣告成立，波兰成为了雄踞一方的泱泱大国，国力大增，有效遏制住了沙皇俄国西扩的脚步。这一时期外部安全形势也较为稳定，周边国家或是国力偏弱，或是无暇他顾，当时的普鲁士只是一个隶属波兰的公国，而俄国在立沃尼亚战争（1558—1582）中战败，之后又进入"王位混乱时期"，这些后世强敌均无法对当时波兰的国土安全构成威胁。因此，东欧出现了政治真空，这无疑给联邦崛起提供了有利的外部环境，从而造就了被称为"黄金时代"的盛世。

在16世纪，推动波兰社会进步和发展的重要力量是贵族阶层。在贵族进步阶层的支持和推动下，国家推行了"执行法律"改革（ruch egzekucyjny），其内容涵盖立法、司法、宗教、军事等领域。大部分改革法案都能获得批准并得到落实，有效提升了联邦王国的政治效能。围绕这一改革主题，不少国会议员和政客把波兰语搬上政治舞台，通过母语就改革方案作出一次次精彩的演讲。这一时期还出现了许多用波兰语撰写的论战著作或小册子，例如斯坦尼斯瓦夫·奥热霍夫斯基（Stanisław Orzechowski）的《执行法律改革下有关波兰王权的对话》（Rozmowa albo Dyjalog około egzekucyjej Polskiej Korony）、扬·德米特·索利科夫斯基（Jan Dymitr Solikowski）的《地主或父子间关于波兰的对话》（Ziemianin albo rozmowa ojca z synem o sprawie polskiej）等。"执行法律"改革派还提出要捍卫波兰语，并要求在政治、法律领域提高波兰语的地位。这一系列举措使拉丁语作为官方书面语的地位受到冲击。在1543年，克拉科夫众议院的宪法中首次以波兰语书写官方文书，此举对于波兰语的发展来说是一项重大突破。

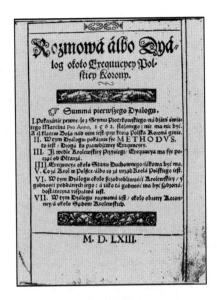

图4-1 《执行法律改革下有关波兰
王权的对话》

16世纪是波兰人才辈出的时代，文艺复兴时期有相当一部分作家来自贵族阶层，如尼古拉·雷伊（Mikołaj Rej）和扬·科哈诺夫斯基（Jan Kochanowski），他们极力倡导用波兰民族语言进行写作。尼古拉·雷伊有句名言为后世所传颂："让所有邻国都知道，波兰人不是鹅，他们有自己的语言。"（A niechaj narodowie wżdy postronni znają, iż Polacy nie gęsi, iż swój język mają。）在创作中，他始终秉持这一原则，将使用波兰民族语言视为自己的义务，因而获得了"波兰文学之父"的称号。扬·科哈诺夫斯基具有深厚的文学造诣，在波兰文艺复兴时期尽领风骚，开创了波兰诗歌创作的全新发展道路。扬·科哈诺夫斯基在法国游历期间，七星诗社（Plejada）倡议的"保卫和发扬法兰西语言行动"唤起了他内心对母语的炽热情感。该宣言认为法兰西民族语言可以与希腊、拉丁语言媲美，并且能够用法语创作出文学巨著。扬·科哈诺夫斯基深感丰富波兰语和发展民族文化的必要性，不久后便第一次以波兰语创作了《上帝颂》（Hymn）。波兰第一位只用民族语言写作的作家是卢布林的别尔纳特（Biernat z Lublina），1513年，他从拉丁语翻译的祈祷书《灵魂的天堂》（Raj duszny）是最早出版的波兰语书籍之一。这些致力于母语文学发展的作家群体推动了波兰语文学的繁荣，使波兰语创作蔚然成风。他们还极大地促进了波兰语词汇资源、语言功能的扩大，并巩固了波兰语作为整个民族重要文化内核的地位。尽管在17世纪下半叶以后，波兰语文学创作的水平急剧下降，但数量仍然不断增长。

随着波兰语在文学界逐渐站稳脚跟，人们开始关注语言文化理论和词源学研究。文艺复兴时期作家乌卡什·戈尔尼奇（Łukasz Górnicki）提出了第一个完整的波兰语言文化理论，该理论阐述了波兰语在斯拉夫语系中的地位、斯拉夫语文学史、对语言时尚的思考、文学创作对语言发展的影响，以及波兰语词汇的扩充途径，例如恢复古词、借助方言、借用外来词等方式，他优先考虑在波兰语系统中构建新词，其次才考虑引入外来词。戈尔尼奇还大胆地提出了正字法改革，尽管最终未能实现。

同一时期，人文主义者也转向对波兰语起源及词源的关注。在文艺复兴时期最大的词典《拉丁语-波兰语词典》（Lexicon latino-polonicum）中，编纂者扬·蒙琴斯基（Jan Mączyński）就尝试性地列举了一些词源研探的范例。例如，蒙京斯基在构词上推敲małżonka［配偶（指妻）］与德语有关。而事实上该词就是波兰人对德语mālweib的仿译，其字面意思是"有契约的女人"，māl采用了贴合时下波兰语的mał，而weib的词意是"女人、女性"，人们则将其翻译为żona（老婆）。实际上，有关国家、民族、创始祖先等名称的词源学推论早在一些中世纪的编年史中就已经出现。例如，著名史学家文森蒂·卡德乌贝克（Wincenty Kadłubek）认为，波兰人的祖先旺达尔（Wandal）民族与汪达尔河（rzeka Wandalus）（即维斯瓦河）和克拉克（Krak）[1]的女儿旺达（Wanda）有关。

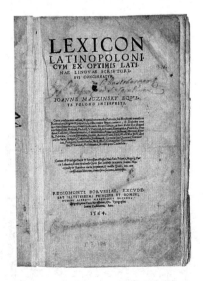

图4-2 《拉丁语-波兰语词典》

---

1 克拉克是文森蒂·卡德乌贝克在其著作《波兰编年史》（Kronika Polski）中记述的人物，书里介绍了他创建克拉科夫城以及他与女儿旺达的故事。

文艺复兴时期，萨尔马特主义（sarmatyzm）的盛行将词源探讨推向高潮。萨尔马特主义认为波兰贵族的祖先是古代萨尔马特人，传说中的萨尔马特部落原本生活在黑海草原，后来征服并占领了波兰立陶宛联邦王国所在的地区，并将当地土著变成奴隶，即后来的平民，而他们自己则成为了贵族。从16世纪末到18世纪下半叶，萨尔马特主义对波兰贵族的思想观念和社会风俗产生了极大的影响，波兰贵族对这一近乎神话的民族理论趋之若鹜，认为他们继承了萨尔马特人的英勇品质，能够凌驾于其他社会等级之上，且优于其他民族。通过这一理论，波兰贵族彰显了身份的优越感，以此来佐证其作为统治阶层的天然合法性，同时也推动国内的民族主义和民族国家认同感不断高涨，使词源学的探索方向也愈发大胆。1633年，波兰神学家沃伊切赫·登贝温茨基（Wojciech Dębołęcki）发表了题为《世界国家唯一统治者论》（*Wywód jedynowłasnego państwa*

图4-3　《世界国家唯一统治者论》

świata）的论文，极大地推动了波兰萨尔马特主义的发展。文章指出，波兰王国是欧洲最古老的王国，而斯拉夫语是世界上最主要的语言，其他语言都是由此衍生出来的。登贝温茨基还设定了特殊的词源学规则，并试图推导圣经和神话中一些名字的来源，例如，他提到丰收女神克瑞斯（Ceres）的名字是有据可依的，因为神是受到崇敬（czcić）的，而"黑麦"为"reż"，所以"czcze reż"即为丰收女神，两者糅合成为"Ceres"一词。

尽管在学界中不乏怀疑者对诸如此类的词源言论进行抨击，但在萨尔马特主义盛行的大背景下，广大贵族大力支持对词源的探索，在这一过程中一些贵族还竞相寻找波兰的祖先，从而界定自我身份和寻求认同。最终，这种狂热被启蒙运动的理性主义和历史修正主义所终结。从客观层面上来看，上述的努力使得人们开始正视并关注波兰语的历史进程，在一定程度上推动了波兰语的发展。

在16和17世纪，波兰语一度成为流行于中东欧地区的通用语言。由于波兰地理位置优越，商品经济空前活跃，对外贸易繁荣，德国和捷克商人也经常使用波兰语。在语言繁杂的属国王室普鲁士（Prusy Królewskie）和西里西亚地区，波兰语和德语的双语沟通方式十分流行，因而在格但斯克、托伦、弗罗茨瓦夫等地出现了大量为德国人印制的波兰语字典、短语手册和教材。另外，波兰语在16世纪中叶至18世纪初是俄罗斯的宫廷语言，在富裕的波雅尔（bojarzy）贵族之间以波兰语交谈成为一种时尚，这些现象也在某种程度上推动了俄语对波兰语词汇的引入。波兰与立陶宛合并之初，鲁塞尼亚语（język ruski）作为立陶宛大公国的官方语言仍在继续使用，但自1696年，波兰语取而代之，正式成为立陶宛大公国的官方语言，其影响力进一步扩大。

"黄金时代"的盛世成于贵族，也败于贵族。贵族民主制有两大支柱，一个是自由选王制（wolna elekcja），另一个是自由否决权（Liberum veto），它们均为波兰的衰落埋下祸根。随着时间的流逝，其滞后性和消极性日益凸显，将波兰逐步推向混乱的无政府状态，最终导致"黄金时代"黯然谢幕，也继而影响了波兰语进一步发展的态势。1572年波兰国王齐格蒙特二世（Zygmunt II August，1520—1572）病逝，王国绝嗣，统治长达180多年的雅盖隆王朝被迫终结，波兰王位高悬未决。当时，波兰国内中等贵族和大贵族权力纷争不断，为了自身利益，都相继推出为本集团代言的候选人意图继承波兰王位。在此情况下，贵族们最终达成妥协，决定由全体贵族在全国议会上选举国王。1573年，法国国王查理九世（Karol IX Walezjusz，1550—1574）的弟弟亨利三世（Henryk III Walezy，1551—1589）当选为波兰国王。为维持波兰现有政治制度，防止法国的君主专制制度被借机引入，波兰贵族迫使亨利接受所谓的"亨利条例"，强迫国王让渡权力，使中央王权不断地削弱。如果国王不遵条例，贵族可以拒绝服从其命令。波兰贵族集团为维护自身特权，更倾向于选举外国人当选国王，在1573年至1795年期间，波兰共选举了11位国王，其中有7位是外国人。这种自由选王制的局限性日益暴露，一方面，来自国外的统治者只热衷于维护本国或自己家族的利益；另一方面也为外国干涉波兰内部事务打开了方便之门。

　　17世纪中叶是波兰贵族共和国盛极而衰的转折时期，大贵族势力不断膨胀，"贵族民主制"逐步沦为徒有虚名的空壳。1652年，多数议员在全国议会上提出了延长议会会期的议案，却遭到立陶宛大贵族代理人弗瓦迪斯瓦夫·希钦斯基（Władysław Siciński）一人的强势反对。自此，只要有一票反对，全国议会议案便无法通过，自由否决权的弊端暴露无遗。大贵族为一己私利经常动用一票否决权，1652年至1764年期间召开的71次全国议会，超半数被一票否决而中断。在这种畸形制度的制约下，波兰的改革难以为继，社会发展陷于停滞。与此同时，劳役制庄园经济作为贵族民主制的封建经济基础，在经历了一个多世纪的发展后也陷入了困局，农民的贫困化不断加剧，社会矛盾日益尖锐，率先爆发了赫梅利尼茨基起义（Powstanie Chmielnickiego），随着局势日趋糜烂，最终发展为大规模的波俄战争（1654—1667）。

总体而言，16世纪的波兰具有一定的超前性和多元性。在欧洲大部分国家普遍实行君主专制的背景下，波兰另辟蹊径，大胆地开创了贵族民主制。这一制度削弱了王权，以"君弱臣强"为特征，赋予了贵族在从事农业生产和对外贸易方面的绝对自由。然而，由此衍生出的"自由选王制"和"自由否决权"，使得波兰的政治体制僵化，国内矛盾加剧，加速了近代波兰的灭亡。与此同时，周边国家的势力日益壮大，波兰在地缘竞争中逐渐耗尽国力，此消彼长之下，将自身一步步地推向穷途末路。到18世纪中叶，波兰最终逃脱不了盛极转衰的命运，沦为周边列强的囊中之物。

02 ▶ ▷
印刷术对波兰语发展的贡献

　　波兰语蓬勃发展的另一个不可忽视的重要因素是印刷术的普及和大量印刷书籍的出版。书籍是人类思想和文明的宝库，是增进知识传播和经验传递的媒介，也是指导人们正确使用语言的范本，而书籍的这些功能通过印刷术得到了极大的强化。与手抄书相比，使用印刷术能够在短时间内印制出大量复本，而且印刷书籍的价格也相对便宜，降低了购买的门槛，有助于书籍传播到更多的读者手中。更重要的是，得益于印刷商相互竞争带来的标准化，过去语言使用中的随意性和多样性现象逐渐得以改善，语言的文体和语法规范得以逐渐形成和确立，正确的用法也广泛地传播到广大读者之中。

　　波兰印刷业的起源可以追溯到15世纪70年代。一位名叫卡斯帕·艾利安（Kasper Elyan）的印刷商在当时尚不属于波兰的弗罗茨瓦夫地区兴建起最早的印刷工坊，刊印的作品大多是与教会相关，供神职人员使用的经籍文献。1475年，他的工坊印刷了用拉丁语撰写的《弗罗茨瓦夫主教会议章程》（*Statuta Synodalia Episcoporum Wratislaviensium*），其中包含了波兰语祈祷词《我们的天父》（*Ojcze nasz*）、《万福玛丽亚》（*Zdrowaś*

Mario）、《我相信上帝》（*Wierzę w Boga*）等内容，这些官方为西里西亚波兰人提供的正确文本范式是第一批用波兰语印刷的文本。从德国巴伐利亚（Bawaria）来到克拉科夫的印刷工匠卡斯帕·斯特劳贝（Kasper Straube）于1473年印刷了《克拉科夫年鉴（1474）》（*Almanach Cracoviense ad annum 1474*），该书是波兰存世最早的年鉴，内容涵盖天文数据、教堂节日、医学信息，以拉丁语出版，是波兰现存的第一部印刷品。在15世纪90年代，来自德国的什维波尔特·菲尔（Szwajpolt Fiol）也在克拉科夫创办了自己的印刷工坊，他专注于用西里尔字母印刷教会斯拉夫语（język cerkiewnosłowiański）的书籍。同期的还有活跃于格但斯克（Gdańsk）的坎拉德·包姆加顿（Konrad Baumgarten）等人。这些早期的印刷工坊运营时间都非常短暂，往往只有几年的时间，而且产量也很低。这是因为当时在大城市建立印刷工坊所需的费用很高，而波兰富裕的资产阶级大多和德国的印刷中心有着密切的联系，他们不必大量投入自己的资本在本土建设，通过境外订单的方式就能满足自己的印刷需求。

图4-4 《弗罗茨瓦夫主教会议章程》中的波兰语祈祷词

图 4-5 《克拉科夫年鉴（1474）》

　　直到 16 世纪上半叶，在文艺复兴的影响下，波兰国内印刷业才开始蓬勃发展。经过德国富商扬·哈勒（Jan Haller）的积极筹备，霍赫费德印刷工坊（Drukarnia Hochfedera）于 1503 年落成于克拉科夫，交由来自巴伐利亚的卡斯帕·霍赫费德（Kasper Hochfeder）经营。尽管这家印刷工坊享负盛名，在 1505 年还获得专供本国印刷的王室特许权，但由于其出版物多为拉丁文书籍（包括教科书、经典作品、波兰诗人的拉丁文作品、法律文献等），对波兰语发展的贡献并不显著。值得一提的是 1506 年印刷的《瓦斯基法令》（Statut Łaskiego）包含了波兰语文本的《圣母颂》。1508 年，第一本完全用波兰语印刷的书籍《我们的耶稣受难史》（Historyja umęczenia Pana naszego Jezusa Chrystusa）也出自该工坊。

图4-6 《瓦斯基法令》中的《圣母颂》

弗洛里安·昂格勒（Florian Ungler）被认为是将波兰语书籍引入出版市场的功臣。1513年，他印刷出版了由卢布林的别尔纳特翻译的中世纪祈祷书《灵魂的天堂》。昂格勒还致力于统一波兰语拼写规范，同年，他印刷出版了斯坦尼斯瓦夫·扎博罗斯基（Stanisław Zaborowski）的著作《正字法》（Ortografia），这是继雅库尔·帕尔科绍维茨神父后对波兰语正字法的第二次尝试，其主要推崇一个字母对应一个发音，该规则曾用于昂格勒的一些印刷版画上，但未大规模采用。在1521年至1536年间，这间印刷工坊刊印了包括植物学和地理学在内的各种波兰语书籍，如1534年出版的斯特凡·法利米日（Stefan Falimirz）著作《草药及其功效》（O ziołach i mocy ich）。

图4-7　斯坦尼斯瓦夫·萨博罗斯　　图4-8　《草药及其功效》
　　　　基的《正字法》

　　活跃于同一时期的希罗尼姆·维托尔（Hieronim Wietor）在传播波兰
语和普及波兰文学方面做出了巨大贡献。维托尔来自西里西亚，曾在维也
纳做过印刷工，后在克拉科夫兴办自己的印刷工坊。维托尔刊印了大量的
人文主义思想的文本，广泛传播新思潮，推动了文艺复兴运动在波兰的发
展。同时，他还是一位民族语言捍卫者，积极寻找译者，并且在《主耶稣，
上帝全能的儿子生平》（Żywot wszechmocnego syna bożego, Pana Jezu
Krysta）、《被称为语言的书》（Księgi, które zową Język）等书的序言中
都强调了推广波兰语的重要性，并将其视为己任。维托尔非常关注印刷书
籍的外在形式，积极寻找美观的波兰字体，这些贡献使他被誉为16世纪上
半叶最杰出的波兰印刷商。他的工坊一直经营到17世纪中期，期间出版了

许多优秀的波兰文学作品，包括扬·科哈诺夫斯基、斯坦尼斯瓦夫·奥热霍夫斯基和玛尔青·克罗梅尔（Marcin Kromer）的著作。维托尔去世后，他的妻子改嫁瓦萨日·安德雷索维奇（Łazarz Andrysowicz），产业亦由他们的儿子扬·雅努绍夫斯基（Jan Januszowski）继承。雅努绍夫斯基对波兰语拼写和排版表现出强烈的兴趣，并为此于1594年出版了一部名为《新波兰语字符》（Nowy karakter polski）的书籍，内容包含了雅努绍夫斯基、乌卡什·戈尔尼奇、扬·科哈诺夫斯基撰写的正字法文章，以及有关印刷字符的设计。

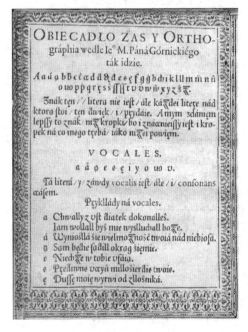

图4-9 《新波兰语字符》内页

克拉科夫是16世纪波兰最大的印刷中心，当地杰出的印刷商还有马雷克·萨芬伯格（Marek Szarffenberg），他在1543年出版了尼古拉·雷伊的作品《老爷、村长和神甫三人之间的小争论》（*Krótka rozprawa między trzema osobami, Panem, Wójtem a Plebanem*）。印刷商马切伊·维日比塔（Maciej Wirzbięta）则致力于刊印雅库布·卢贝尔契克（Jakub Lubelczyk）、扬·科哈诺夫斯基等作家的作品，1568年还出版了由皮特尔·斯托因斯基（Piotr Stoiński）撰写的第一部波兰语语法书。

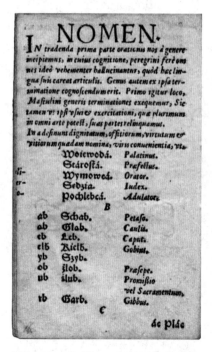

图4-10　皮特尔·斯托因斯基的波兰语语法书内页

现在归属俄罗斯的加里宁格勒（Królewiec）和归属白俄罗斯的布列斯特（Brześć）地区在当时也是波兰境内的最繁荣的印刷中心，涌现出了一批杰出的印刷商，包括致力于在马祖里亚（Mazury）地区宣扬波兰语的扬·玛莱茨基（Jan Malecki）、波兰语译者兼诗人的齐普里安·巴齐利克（Cyprian Bazylik）等。相对而言，如平丘夫（Pińczów）、波兹南、利沃夫（Lwów）等其他地区的印刷活动没有引起过多关注，活跃时间也比较短暂。

据统计，波兰在16世纪共出版了4 000部书籍，总印量约400万册。尽管这一总量包含了拉丁语的出版物，但是在那些致力于谋求民族语言发展的印刷商的努力下，波兰语印刷品也是如雨后春笋般涌现，不仅使波兰语得到了广泛传播，印刷行业内的激烈竞争也极大地促进了波兰语拼写规范的形成。

03 ▶ ▷
宗教改革对波兰语发展的影响

16世纪的波兰天主教紧随国家历史发展的脉搏，宗教生活发生了深刻变化。教会利用权势将大量资源聚集在手中，国内宗教势力空前强大，腐败堕落之风弥漫于教会的特权阶层。宗教改革和文艺复兴是相辅相成的，文艺复兴强调人的价值，主张个性解放，并逐步形成了一种普遍的社会观念。因此，在人文主义思潮影响下，人们要求打破罗马天主教会对社会生活的压迫和控制，改革教会的愿望日趋强烈。

在波兰先后出现了提倡限制教皇权力的路德宗（Luteranizm）、倡导民主精神的加尔文宗（Kalwinizm）、主张人人皆兄弟的阿里安宗（Arianizm）等新教。1525年，隶属波兰的普鲁士公国将路德宗定为国教。1544年，普鲁士公国建立了柯尼斯堡大学（Uniwersytet Albrechta w Królewcu），并将其作为路德宗的中心，许多波兰青年在这所大学学习，用波兰语印刷了大量路德宗书籍，第一部波兰语《圣经》译本也出自于此。由于新教和天主教会之间的竞争，国内小学和中学的数量增加，文盲的数量大大减少。很多新学校的教育水平大幅提高，如位于平丘夫的阿里安宗学校等，与天主教学校相比毫不逊色。

为了尽可能获得更多的支持，宗教改革者们试图通过波兰语进行宣传。他们用本民族语言向广大信徒传教，并提出人们应该在没有教会作为媒介的情况下自行探索上帝的启示教义。1534年，大波兰地区希罗达（Środa）的地方议会也曾出现一份政令，要求神职人员不得禁止用波兰语印刷圣经、法律、编年史和其他书籍。普鲁士公爵阿尔布雷希特·霍亨索伦（Albrecht Hohenzollern）大力支持波兰语在宗教改革活动中发挥作用，他委任路德宗教士兼印刷商扬·塞克卢茨杨（Jan Seklucjan）翻译教义问答，并且特别指出那些用波兰语传授上帝话语的教士往往缺少良好的波兰语训练，因此需要更多地去学习《倾听上帝的话语》（*Examen Theologicvm, to yest. Słuchanie albo doświadczanie w nauce słowa Bożego*）波兰语译本。阿尔布雷希特还为教士提供补助，并倡导将民众从农奴制度中解放出来，恢复人身自由。16世纪布列斯特地区印刷业的蓬勃发展也要归功于阿尔布雷希特的号召，得益于此，一大批知名作家、出版商和印刷商齐聚于此。与此同时，在宗教改革对民族语言支持的影响下，国内小型印刷工坊数量激增，波兰语的宗教翻译作品和印刷品也大量涌现。

然而，也有不少人反对在宗教领域上使用波兰语，例如1553年克拉科夫教士扬·本奈迪克特（Jan Benedykt）在给红衣主教斯坦尼斯瓦夫·霍兹尤什（Stanisław Hozjusz）的信中，就强烈指责国王允许印刷商本纳尔德·沃耶伏德卡（Bernard Wojewódka）和安杰伊·特日切斯基（Andrzej Trzycieski）在布列斯特地区用波兰语印刷。教皇特使路易吉·利波马诺（Alojzy Lippomano）也试图阻止布列斯特地区的印刷活动，并就此事向维尔纽斯（Wilno）省长尼古拉·拉齐维乌（Mikołaj Radziwiłł）写了一封干预信。拉齐维乌则回应，印刷波兰语书籍毫无不妥之处。

人们对波兰语的关注与争辩贯穿整个宗教改革时期，由于宗教生活广泛而多样，在是否使用波兰语的斗争中所关注的细节也各不相同。例如，在格涅兹诺大主教雅库布·乌杭斯基（Jakub Uchański）和普沃茨克（Płock）主教皮特尔·米什科夫斯基（Piotr Myszkowski）致力于推广使用波兰语进行圣经注释时，红衣主教霍兹尤什却为"普通老百姓和无知者自以为是地阅读圣经，并在此之前既不洗手也不洗脚"而感到沮丧。早在1530年，位于托伦的路德宗社区就开始传唱波兰语教会歌曲。此后，新教波兰语赞美诗的数量也与日俱增，例如1547年扬·塞克卢茨杨的《灵魂之歌》（*Pieśni duchowne*）、1578年皮特尔·阿尔托缪什（Piotr Artomiusz）的歌曲集《圣歌》（*Kancjonał*）等。但同时，波兰语教会歌曲也遭到限制，并一直持续到17世纪。1575年，在霍兹尤什的提议下，瓦尔米亚会议（synod warmiński）通过了一项决议，只承认那些"天主教的、古老的和被教会认可的"教会歌曲，这一决议在1582年的会议上被再次提出。论战的主题还聚焦在宗教仪式所采用的语言上，其中一个论点是拉丁语、希腊语和希伯来语（język hebrajski）的语法具有恒定性，而其他民族语言具有可变性，因此用波兰语做弥撒的提议遭到了反对。1552年12月13日，在扬·本奈迪克特给斯坦尼斯瓦夫·霍兹尤什的信中，对国王允许这种做法表示遗憾。1560年，神父马尔钦·克罗维茨基（Marcin Krowicki）在《为真正的教义和信仰辩护》（*Obrona nauki prawdziwej i wiary starodawnej krześcijańskiej*）一书中，用了整整一章的篇幅来讨论弥撒的问题，指责天主教牧师用没有人理解的拉丁语来主持弥撒。教士兼神学作家的克日什托夫·克拉因斯基（Krzysztof Kraiński）也曾宣称："一个国家如果不用自己的语言来赞美上帝，会被认为是亵渎……当上帝用外语与他的子民说话时，这是上帝的惩罚。"在布道方面，波兰语实际上更受教徒们欢迎，1514年就发生了一件很有意思的事，当时在利沃夫几乎同时进行着德语和波兰语的两场布道，大臣扬·瓦斯基（Jan Łaski）还为此下令，让两者的时间错开进行，但最终没人去听德语的布道。在1536年的克拉科夫议会上，议员们提出将波兰语的布道从圣芭芭拉教堂（Kaplica św. Barbary）搬到圣玛丽教堂（Kościół Mariacki），这一动议得到了国王老齐格蒙特一世（Zygmunt I Stary）的批准。次年，国王决定，圣玛丽教堂的布道和唱诗都要用波兰语，而不是德语。然而许多史料表明，在一些规格更高、更显庄严的场合，尤其是面向上层社会布道时仍是以拉丁语为主。例如，克拉科夫主教延德柴伊·特柴比茨基（Jędrzej Trzebicki）在国王米哈乌·科里布特·维希尼奥维斯基（Michał Korybut Wiśniowiecki）的葬礼后进行了拉丁语的布道。

到17世纪，反宗教改革运动最终获得了胜利，双方阵营的论战和波兰语翻译工作都明显减少了。1632年由捷克兄弟会（Bracia Czescy）与加尔文教徒共同参与翻译的《但泽圣经》（*Biblia gdańska*）是后期比较重要的翻译作品，在之后的几个世纪里，《但泽圣经》成为了最受欢迎的译本之一。教会由于缺乏意识形态的竞争，也限制了波兰语在宗教领域的使用，因此与16世纪相比，17世纪波兰语的发展势头有所下降。

中古波兰语时期是辉煌与悲怆兼具的，随着16世纪贵族的"黄金时代"不期而至，到处呈现出一派欣欣向荣、康乐福宁的景象，波兰语的文学发展也达到空前的繁荣。然而，这个在欧洲一度处于领先地位的波兰立陶宛联合王国，随着国内政治弊端日益显现，17世纪中叶以后，在列强环伺之下逐步走向了任人宰割的悲惨命运。

18 世纪中叶至第一次
世界大战前的波兰语

01 ▶ ▷
18世纪中后期波兰的社会状况

从上一讲中我们了解到，波兰立陶宛联邦在经历了16—17世纪的辉煌后，已是大厦将倾，风雨飘摇，一步步走向没落。波兰语的社会影响力不断下降，发展也随之受阻。在韦廷王朝时期（1697—1763），拉丁语重新成为官方语言，先后两任国王奥古斯特二世（August II Mocny，1670—1733）和奥古斯特三世（August III Sas，1696—1763）都是德意志人，也不会讲波兰语，自然对波兰语的发展漠不关心。

18世纪的欧洲群雄争霸，政治与军事冲突不断，与此同时俄国和普鲁士悄然崛起，到18世纪后半期，欧洲强国的实力排名依次是：俄国、奥地利、普鲁士、法国和英国。在新的政治格局中，波兰陷入了俄、普、奥三个强大邻国的包围。伴随着内忧外患，波兰王国岌岌可危。1764年，叶卡捷琳娜女皇（Katarzyna II Wielka）的情夫——波兰贵族斯坦尼斯瓦夫·奥古斯特·波尼亚托夫斯基（Stanisław August Poniatowski，1732—1798）在俄国的支持下当选为国王，而他也是波兰灭国前的最后一任国王。叶卡捷琳娜原以为他会知恩图报地当一位顺从的傀儡国王，但波尼亚托夫斯基深受启蒙运动思想的影响,试图在波兰力挽狂澜,推行革新运动。最初的革新运动采取了在政治上限制自由否决权;在经济上整顿财政,稳定货币,发展工商业;在军事上建立骑士学校(Szkoła Rycerska),培养军事人才等一系列措施,但因缺乏广泛的支持而收效甚微。

1772年,在普鲁士国王腓特烈二世(Fryderyk II Wielki)的鼓动下,普鲁士与俄国、奥地利伸出了尖牙利爪,迈出了瓜分波兰的第一步。面对赤裸裸的侵略行径,波兰国内众多能人志士怀着强烈的危机感和民族意识去探索挽救民族危亡的道路,并由此产生了许多不同理念的政党。1788年召开了著名的"四年议会"(Sejm Czteroletni),对各项议案进行讨论,并着手准备新宪法的编撰。1791年,议会通过的《五·三宪法》

图5-1 《五·三宪法》

（*Konstytucja 3 maja*）是欧洲第一部、世界第二部成文的国家宪法，它点亮了国内革新自强的曙光，对国家政治制度作出了新的诠释，宪法明确废除了导致国家陷入无政府主义混乱的自由否决权和自由选王制，实行三权分立。

然而，新宪法的命运并不是完全由国王、贵族或者人民来决定的，当时波兰所面临的国际局势预示了它的归宿。《五·三宪法》引起了沙皇政府的仇恨和恐惧，叶卡捷琳娜女皇派兵镇压，波兰国王屈服于女皇压力，下令波军停止抵抗，"四年议会"上取得的成果自然也化为乌有。1793年，俄国与普鲁士签订了第二次瓜分条约，波兰又割让了近三分之一的领土，国家已经名存实亡。1795年，俄国、奥地利、普鲁士三国再次签订瓜分条约，将剩余的波兰国土蚕食殆尽。

波尼亚托夫斯基时期是亡国前波兰语发展的最后一个突破期，1795年以后波兰从世界地图上消失一百余年，波兰语的发展变得步履维艰。

02 ▶▷
波尼亚托夫斯基对波兰文化和教育的贡献

在危机四伏的国际局势中，波尼亚托夫斯基利用暂时的喘息之机，游走在钢丝上实行改革。这位末代国王登基后，便积极投身于波兰文化事业

图5-2 《监督者》杂志封面（1771年，第56期）

的发展，并通过一系列举措扭转了国内波兰语的弱势地位。1765年，他在华沙建立了国家剧院。同年，在他的支持和赞助下，《监督者》（Monitor）杂志得以创办。该杂志模仿了英国杂志《旁观者》（The Spectator）的编辑风格，并引用和翻译了它的部分文章。《监督者》极力抨击萨尔马特主义的蒙昧无知，揭露贵族的因循守旧，积极宣传对教育、经济等领域实施改革的必要性。

波尼亚托夫斯基对文学艺术抱有极大的热情，每逢星期四，国王会设宴邀请知名的作家、艺术家前往王宫，参与对艺术和国家大事的讨论，这就是所谓的"星期四午宴"（obiady czwartkowe）。午宴的常客包括伊格纳齐·克拉西茨基（Ignacy Krasicki）、亚当·纳曾谢维奇（Adam Naruszewicz）、弗兰奇谢克·博霍莫莱茨（Franciszek Bohomolec）等文艺

图5-3　周刊《趣味而实用的娱乐》封面

巨匠，由此，王宫也逐渐成为启蒙运动时期的文学中心。1771—1777年间，周刊《趣味而实用的娱乐》（*Zabawy Przyjemne i Pożyteczne*）开始为"星期四午宴"服务，除了发表每周活动中热议的部分文学作品以外，还刊载法国、意大利等国古典作品的译文。《趣味而实用的娱乐》作为波兰的第一份文学期刊，对推动波兰启蒙运动的发展和当代作家作品的传播起着重要作用。由于对国王及其政策主张的极力推崇，该杂志也带有一定的政治意味。

斯坦尼斯瓦夫·康纳斯基（Stanisław Konarski）是18世纪波兰教育改革的先锋，他深受西欧启蒙运动思想的影响，于1740年在华沙建立了"贵族学院"（Collegium Nobilium）。这所学院对课程进行开创性的改革，在限制拉丁语的同时加强了波兰语教学的引入。康纳斯基对母语的热衷与坚守在波尼亚托夫斯基时期也得以延续。在瓜分的阴霾下，轰轰烈烈的启蒙运动和教育改革正在国耻的感召下蓬勃发展。1773年以前，波兰的中小学教育均受耶稣会控制和管理，主要以拉丁语授课，为神学服务。耶稣会解散[1]后，波兰议会在国王的建议下成立了国民教育委员会（Komisja Edukacji Narodowej）。这个全新的政府部门使教育事业摆脱了教会的控制，实现了教育世俗化，对波兰的国民教育事业作出了重要贡献，同时它还是世界上第一个国家教育部。委员会的成立也引发了公众对波兰教育事业及其培养需求的反思，一批杰出的思想家提出并设计了一整套教育计划，其中包括伊格纳齐·波托茨基（Ignacy Potocki）的《关于波兰教育和教学的思考》（*Myśli o edukacji i instrukcji w Polszcze ustanowić się mającej*）、弗朗齐谢克·别林斯基（Franciszek Bieliński）的《描述

1　18世纪，耶稣会在许多国家受到迫害。在西班牙、法国、葡萄牙等国反耶稣会势力的影响下，1773年罗马教皇克莱孟十四世（Klemens XIV）解散了耶稣会。

教育方式的15封信》（*Sposob Edukacyi w XV. Listach opisany*）、安东尼·波普瓦斯基（Antoni Popławski）的《论规范和完善公民教育》（*O rozporządzeniu i wydoskonaleniu edukacji obywatelskiej*）等，而波普瓦斯基的设想更是成为了委员会设计省级学校法规的基础。

　　国民教育委员会构建起三个层次的教育体系，等级从低至高依次为教区学校、城市学校（低级和高级）和大学，全国的学校都接受教育委员会领导。委员会在各级各类学校中积极开展波兰语的教学工作，重塑教育中波兰语和拉丁语之间的关系，让波兰语教学回归主体地位。例如，委员会要求要完全将拉丁语从教区学校中剔除，并规定在阅读、写作等课程中只能使用波兰语教学。1777—1783年间，在革新派人士胡果·科翁泰（Hugo Kołłątaj）的主持下，克拉科夫学院开始限制神学教学，平衡人文科学与自然科学之间的关系，组建了物理、数学、化学和医学等教研室，建立起天文台、化学室、植物园、实验室，使教学与实践相结合。进行改革的还有维尔纽斯学院（Akademia Wileńska），这两所学校是当时波兰教育体系大学层面的中流砥柱，它们兼办教师培训班，以满足改革对师资提出的需求。除此之外，对波兰女子教育的思考也始于委员会的工作，委员会开始对私立女子学校进行监督，并要求使用波兰语授课。

　　除了对原有的学校体制进行改革，委员会还指导了新教材的编写。1775年，以安东尼·波普瓦斯基、尤利安·乌尔辛·涅姆择维奇（Julian Ursyn Niemcewicz）、格热戈日·皮拉莫维奇（Grzegorz Piramowicz）等人为骨干的基础教材协会（Towarzystwo do Ksiąg Elementarnych）宣告成立。协会是落实教材编写工作的主要机构，为了出版更多优秀的教材，协会和国民教育委员会还举办了面向国际的初级教育教科书编写竞赛。

1777—1792年间，协会编撰和出版了约30本供学生或教师使用的基础教材，其中包括《国立学校算术》(*Arytmetyka dla szkół narodowych*)、《国立学校植物学》(*Botanika dla szkół narodowych*)、《国立学校物理1——力学》(*Fizyka dla szkół narodowych, cz. 1: Mechanika*)等各门具体学科的教材。学者们在教材编写的同时，也翻译和创建了众多波兰语的专业术语，涵盖化学、物理、数学等多个学科，且一直沿用至今。由翁乌夫利·科普钦斯基(Onufry Kopczyński)编撰的第一本波兰语语法教材《国立学校初级语法》(*Grammatyka dla szkół narodowych na klassę I.*)也是这一时期的重要产物。在旧教科书中，波兰语常常是为拉丁语服务的，比如承担注释、形式转换等任务。但科普钦斯基明确了波兰语拥有独立语法体系的地位，优先考虑使用波兰语的例子进行说明，尽可能避免拉丁语。

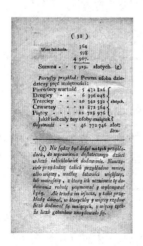

图5-4　《国立学校算术》
　　　　（1778年）内页

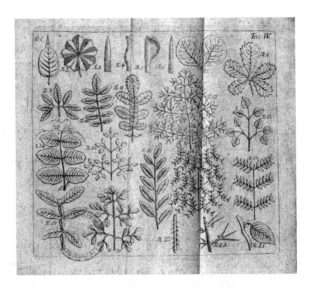

图5-5 《国立学校植物学》（1785年）内页

图5-6 《国民学校初级语法》内页

波尼亚托夫斯基十分重视母语在自身民族文化发展中的作用，他对波兰语文化和教育的支持也备受称道。在1780年的基础教材协会成立周年活动上，教育改革先锋波普瓦斯基发表了讲话，他指出"正是国王陛下对科学家们的友好扶持才令协会取得了这样的成绩，我甚至可以更清晰地判定：波兰语将成为一门系统而权威的科学[1]。"曾担任"贵族学校"教授的弗朗齐谢克·西尔钦斯基（Franciszek Siarczyński）也曾表示，波尼亚托夫斯基国王在位期间"良好的拼写范式和规则回归了"。然而，并非所有人都支持国王对波兰文化和教育的改革举措，一部分是固守传统教育的贵族群体，他们反对在教育领域的任何创新；还有一部分是神职人员，尤其是耶稣会士，他们无法接受教育的主导权被掌握在国家政权手中的事实。

实际上，波兰语与拉丁语的拉锯战除了在教育领域呈现以外，在17、18世纪的波兰文学中也清晰可见。当时的学者们为了向读者展示自身的"博学"形象，写作中热衷于使用拉丁语，这种波兰语和拉丁语混杂的现象被称为"makaronizm"。早期使用这种写作手法的狂热者是高举萨尔马特主义的波兰人，以波兰贵族扬·赫利索斯托姆·帕塞克（Jan Chrysostom Pasek）为典型代表，他在《回忆录》（Pamiętniki）中就大量使用了拉丁语（下文加粗标识），如"Ponieważ **magnorum non est laus, sed admiratio**, krótkiego tylko, jako niegdy Sallustius **ad Carthaginem**, do tych przezacnych familiantów zażywszy **apostrophe: De vestra quidem laude melius est tacere, quam pauca loqui**, to tylko przydam, że

---

1 原文为：[...] to przyjazne naukom panowanie W. K. Mości przywodzi do skutku. A iż wyraźniej powiem: język polski obraca w porządną i pewną naukę[...]

kto tak wiek prowadzi, jego **nobilitas** jest **duplicata**[1]." 在此段落中, 帕塞克穿插了若干拉丁语词汇, 如ad (do, 向着)、apostrophe (zwrot, 常用语)、nobilitas (szlachectwo, 贵族、高贵)、duplicata (podwójne, 双倍) 等。此外, 他还引用了拉丁语长句, 如俗语 "magnorum non est laus, sed admiratio" (伟人不应该被赞美, 而应该被敬仰), 以及《朱古达战争》(*Bellum Iugurthinum*) 一书中的 "De vestra quidem laude melius est tacere, quam pauca loqui" (对于你们的声望, 闭口不言总比语焉不详要好)。由此可见, 波兰语和拉丁语的混用现象不仅体现在词汇的借用上, 还涉及句子的引用。

众多参与教育改革的学者们对这种语言现象持批判的态度, 他们以捍卫波兰语的身姿挺立于舆论洪流之中。坚决支持维护波兰语纯粹性的康纳斯基教授就曾发表《关于发音缺陷的改善》(*O poprawie wad wymowy*), 明确指出波兰语和拉丁语的混用可能会引起的后果。博霍莫莱茨在《关于波兰语的讨论》(*Rozmowa o języku polskim*) 一文中对波兰语的现状进行了反思, 并着重论述了语言纯洁度的问题。因此自18世纪中叶以后, 波兰语和拉丁语的混用现象日渐式微。然而, 之后法语、英语等语言的影响力不断扩大并作用于波兰语的词汇、句法等方面, 因此 "makaronizm" 的含义不仅仅涉及拉丁语, 还进一步拓展到英法语言层面, 形成尾大不掉之势。

---

1 对应波兰语: Ponieważ wielkich ludzi nie chwalić, lecz podziwiać należy, krótkiego tylko, jako niegdy Sallustius do Kartaginy, do tych przezacnych familiantów zażywszy zwrot: O waszej sławie lepiej zamilczeć, niż za mało powiedzieć, to tylko przydam, że kto tak wiek prowadzi, jego szlachectwo jest podwójne. (既然伟人不应该被赞美, 而应该被敬仰, 那么正如撒路斯提乌斯对迦太基所做的那样, 我只想简单地对这些敬爱的人说: 对于你们的声望, 闭口不言总比语焉不详要好。我还想补充的是, 任何引领这样一个时代的人, 他都会得到加倍的尊重。)

波尼亚托夫斯基在位期间，波兰的文化和城市经历了短暂的复兴与繁荣，以母语传递的爱国主义精神也被提升到新的高度。启蒙运动和教育改革留下的文化遗产始终激励着在民族危急存亡之秋的几代波兰人对国家、民族和民族语言的认同与坚守。

03 ▶▷
波兰亡国对波兰语教育的影响

从1795年到第一次世界大战结束以前，曾称霸一时的波兰–立陶宛联邦一直处于山河破碎、国破家亡的境况之下，经历了漫长的分治沦陷时期。在第三次瓜分以后，波兰领土被彻底瓜分完毕，俄国把自己的西部边境推进到涅曼河（Niemen）和布格河（Bug）一线，俄占领土共计12万平方公里，主要是乌克兰人、白俄罗斯人和立陶宛人居住的地区，波兰人占少数。在参与瓜分的三个国家中，俄国获得了面积最大的领土，其次是占领了华沙、波德拉谢（Podlasie）、一部分马佐夫舍地区等土地的普鲁士，沦陷区占普鲁士王国领土的一半以上。奥地利则夺取了卢布林、包括克拉科夫在内的小波兰地区以及马佐夫舍地区的其余土地。三个瓜分国试图抹掉波兰存在过的痕迹，它们于1797年再次签订协议，要求波兰人必须选择一国国籍，且不能在多个占领区拥有财产。不久之后，拿破仑发起了席卷欧洲大陆的战争，一度在与普鲁士、俄国对抗中获胜，他将大部分的普占土地转变为华沙公国（Księstwo Warszawskie，1807—1815年）。华沙公国实际上处于拿破仑的直接统治下，但波兰的爱国志士们将其视为复国的基础。拿破仑溃败后，华沙公国也随之覆灭。1815年，俄、普、奥三国在维也纳会议（Kongres wiedeński）上对华沙公国进行瓜分，其大部分地区成为傀儡政权"波兰王国"（Królestwo Polskie），由俄国沙皇亚历山大一世（Aleksander I Romanow）兼任"波兰"国王。亡国的悲痛始终叩击波兰民族的心扉，亚当·密茨凯维奇（Adam Mickiewicz）、齐格蒙特·克拉辛斯基（Zygmunt Krasiński）等文学巨匠将崇高的爱国情怀寄于笔端，他们所书写的波兰浪漫主义文学无不是亡国悲戚、复国心切的现实写照。在爱国主义精神的感召下，无数爱国志士不甘安于一隅，他们前仆后继，顽强抗争，于1830年11月在华沙掀起了反对俄国统治的武装起义。然而，历时10个月的起义最终被俄军残酷镇压而失败，随后俄国进一步加紧了对波兰民族的压迫和控制。

下文分别以1795年、1815年、1830年为时间节点，将亡国时期划分为三个阶段，详细介绍不同沦陷区下波兰语教育的情况。

（1）1795—1815年

万马齐喑的局势给波兰人民以重创，波兰的教育与文化也逐渐陷入泥潭。三个瓜分国在所占领的波兰领土实行了截然不同的政策，1772年，奥地利开始盘踞在尚未受到波兰国民教育委员会活动影响的"加利西亚和洛多美里亚王国"（Królestwo Galicji i Lodomerii）[1]。女皇玛丽亚·特莱沙（Maria Teresa）在位期间积极推进日耳曼化政策，其继任者约瑟夫二世（Józef II）也大力推动限制波兰语的工作，甚至将触手伸向偏远的村落

---

1 在第一次瓜分中，奥地利将攫取的波兰土地称为加利西亚和洛多美里亚王国。在第三次瓜分后，奥地利将克拉科夫省的西部称为新加利西亚（Nowa Galicja）。1803年，这两部分合为加利西亚（Galicja）。

或城镇的学校，丝毫不顾当地师资不足或教师不谙德语的情况。最终，该地区的中学数量减至15所，授课的语言均是拉丁语。当局的条令法规都是用德语撰写，再附上粗劣的波兰语翻译。奥占区的两所波兰大学——约瑟夫大学（Uniwersytet Józefiński）[1]和克拉科夫学院都无一例外成为了奥地利政府推行日耳曼化的重灾区。1784年由约瑟夫二世同意建立的约瑟夫大学中没有波兰人担任教授，而且所有课程均强制使用拉丁语或德语讲授。1805年，克拉科夫学院也相继被日耳曼化。同年，还开始实行《学校政治法》（Polityczna Ustawa Szkolna），规定教学的最低限度是要求学生能够掌握德语。

普鲁士政府同样大力推行日耳曼化政策，让波兰青年被迫接受德语教育。在第一次瓜分后，波兰北部城市海乌姆诺（Chełmno）的7所中学就已经被日耳曼化。到第三次瓜分后，在海乌姆诺和卡利什（Kalisz）开办了两所德语教学的士官学校（szkoła kadecka），目的是让波兰贵族青年为普鲁士服务。1804年，普鲁士政府还在波兹南开设高级中学，校内由德国人和法国人教授波兰语。1805年，又在华沙建立了皇家中学，并以德语为教学语言。为了捍卫民族特性，波兰的许多仁人志士齐聚一堂，于1800年在华沙成立了华沙科学之友协会（Towarzystwo Warszawskie Przyjaciół Nauk）。该协会对波兰文化遗产的保护涉及多个方面，首当其冲的就是对波兰语言保护。协会的杰出成员塞穆艾尔·博古米乌·林德（Samuel Bogumił Linde）在1807—1814年间出版了第一部现代波兰语字典，并对波兰语及词汇研究作出了重要贡献。

1　即后来的利沃夫大学（Uniwersytet Lwowski）。

由于俄占区主要是乌克兰人、白俄罗斯人和立陶宛人的定居地,波兰语则成为了一种少数民族的语言。叶卡捷琳娜女皇为了增强该地区的"俄国"属性,关闭了多所学校,并将剩余的学校置于警察的监督之下。在她死后,1801年登基的沙皇亚历山大一世实行比较开明的自由主义政策,暂缓了该地区俄国化的进程。亚历山大一世借鉴了国民教育委员会的改革路线,将整个俄占区设为维尔纽斯学区,并任命波兰贵族亚当·查尔托雷斯基(Adam Czartoryski)为学监。在维尔纽斯学区中,低年级学校的授课语言是波兰语,教学中使用国民教育委员会的基础教材。中学则包括了市、县、省层面,课程以拉丁语和希腊语为主,但也包含了波兰语。维尔纽斯大学(Uniwersytet Wileński)得到了很好的发展,涌现了一大批优秀的青年学者,其中包括浪漫主义诗人亚当·密茨凯维奇、历史学家约希姆·列列韦尔(Joachim Lelewel)等。在查尔托雷斯基的领导下,维尔纽斯成为亡国时期波兰文化的重要中心之一。然而,随着拿破仑的败北,波兰语在俄占区的命运急转直下,自1814年起,该地区的各类学校都必须教授俄语。

(2)1816—1830年

1815年维也纳会议的决议再次加深了对波兰民族的伤害,欧洲列强无视波兰民族的诉求,前波兰立陶宛联邦的领土再次被瓜分,波兰爱国志士寄托于华沙公国的复国愿景也随之破灭。

加利西亚地区依旧推进日耳曼化政策,波兰语受到进一步的限制,学校教授的主要科目是德语的语法和正字法。曾担任克拉科夫学院校长的弗里德里克·斯科贝尔(Fryderyk Skobel)正是在这种不断被灌输德语的教育环境中成长,他曾对此展开口诛笔伐:"和其他许多波兰的孩子一样,我成为了奥地利邪恶教育下的牺牲品，这种教育具有负面的影响，它旨在抹去青年一代对波兰语的牵绊……[1]"在这种背景下，许多波兰家庭主动承担起坚守与延续波兰语的责任，在家给自己的孩子们教授波兰语。1817年，一所波兰图书档案馆——奥索林斯基图书馆（Biblioteka Ossolineum）在利沃夫建成，为赓续波兰文化和文学带来一丝曙光。

1815年后，普占区同样进一步加强了日耳曼化政策。当时，西里西亚的大部分地区居住着波兰人，普鲁士政府认为波兰语是驯服当地人的主要障碍。因此，最终只在小学里保留了波兰语，而且只作为一种辅助语言而存在。在政府机构、法院中都必须使用德语，神职人员的布道也被要求摒弃波兰语。然而，一批坚守波兰民族本色的勇士砥砺前进，约瑟夫·隆帕（Józef Lompa）等先驱积极宣传和捍卫波兰语。在波兰人民广泛抵制的背景之下，日耳曼化政策的进程受到一定阻碍。

在开明的教育部长斯坦尼斯瓦夫·科斯特卡·波托茨基（Stanisław Kostka Potocki）的领导下，"波兰王国"的教育事业发展有了突破性的跃升。1816—1821年间，初等学校的数量从720所发展到1 222所，在校学生数量由23 000多名增加到约38 000名。为了扫盲，波托茨基引入了诸如"周日工艺"学徒学校（szkoła rzemieślniczo-niedzielna）等新型教培模式。他还对各类技术职业学校进行整合，并在这些学校中为波兰语保留了一席之地。然而，在反动派的压力下，1820年波托茨基被迫递交了辞呈。

1825年，女子教育政府学院（Instytut Rządowy Wychowania Płci

1　原文为：… stałem się z tyloma innymi pacholętami polskimi ofiarą niegodziwej pedagogii austriackiej, której dążenie było przede wszystkim ujemne, tj. reagowanie polszczyzny z serca dorastającego pokolenia...

Żeńskiej）在华沙成立，学院引入了波兰语教学。1817—1825年间，华沙科学之友协会的波兰语出版物硕果累累，分别出版了科普钦斯基、约瑟夫·姆罗津斯基（Józef Mroziński）、约瑟夫·穆奇科斯基（Józef Muczkowski）所著的波兰语语法书籍。1830年，协会代表团宣布了《关于波兰语正字法的讨论和范式》（*Rozprawy i wnioski o ortografii polskiej*），其中对波兰语的拼写规则作出了以下指引：删除á；在首音音节前以及词尾处引入j，如jabłoń（苹果树）、mój（我的）、wyjazd（出发），但元音i除外，例如是szyi（脖子），而不是szyji；保留外来词中的-ya、-ia，如人名Maryja、Julia；保留副动词（imiesłów przysłówkowy）词尾-łszy的形式，如zjadłszy（吃）；允许存在以ć、c、dz 结尾的不定式，如być（是）、piec（烤）、módz（后来的móc，可以）；借鉴了科普钦斯基[1]提出的有关形容词的拼写规定，在工具格（narzędnik）和方位格（miejscownik）的形容词、形容词性质的代词（zaimki przymiotne）词尾中，单数阳性为-ym、-im，中性为-em，复数男性为-ymi、-imi，非男性为-emi。然而，当时没有一个机构能够全面展开大范围的正字工作，再加上1830年11月爆发的抗俄民族起义失败后，波兰民族特性被无情扼杀，这一成果也随之付诸东流。

（3）1831—1914年

十一月起义后，反波兰语的观念在所有沦陷区都得到了强化，俄国更是报复性地限制波兰语的使用。1831—1832年间，华沙大学、维尔纽斯大学、华沙科学之友协会相继被查封，大批波兰学者流亡国外。1840年，

---

1 在18世纪上半叶，科普钦斯基积极参与波兰语拼写改良的讨论，曾提出j应被归为元音体系、重新引入字母á、é、ó等见解。

法律规定小学必须使用俄语进行读写教学。中学数量锐减，在仅存的中学中强制要求每周至少要有26小时的俄语教学。俄语在行政上也占据了主导地位，全部行政机构、铁路和邮局相继采用俄语作为官方语言，波兰城市的名称也被俄罗斯化。

随着波兰人对沙皇政府的不满日益增长，时值俄国在克里米亚战争中遭遇惨败，俄占区对波兰语的管束有所松动，1862年《波兰王国公共教育法》(*Ustawa o wychowaniu publicznym w Królestwie Polskim*) 获得批准。该法案恢复了波兰语作为教学语言的权利，波兰人重新获准加入教师队伍。法案还相应增加了公立及私立农村小学的数量以确保基础教育的普及。

然而，一月起义[1]的失败使俄国再次收紧对波兰人和波兰语的枷锁。一系列新法令禁止一切波兰语出版物，甚至公务信函、商铺招牌、广告中都禁止使用波兰语。从1869年开始，中学的所有课程都要用俄语讲授。从1872年开始，孩子们在学校说波兰语都遭到禁止，直至1905年以后该规定才有所放宽，但仍要求与老师交谈时必须使用俄语。俄属"波兰王国"教育水平落后，唯一的高校华沙大学在1869年被改造为一所纯粹的俄罗斯大学，师资大多来自俄国，要求用俄语授课，教学水平非常低下。在沙皇政府对波兰语进行严格管控的背景下，许多波兰人仍坚持组织秘密教学活动 (tajne nauczanie / tajne komplety)，私下给孩子们教授波兰语。

到1848年为止，普占区的小学和中学低年级还能用波兰语授课。但在一月起义失败后，普鲁士政府大力推进德语在教学中的应用，甚至开始禁

---

1 一月起义指1863年1月至1864年6月发动的反抗俄国的大起义，起义的最终结果是遭到了沙皇的残酷镇压而失败。

止学生阅读波兰语书籍。德语成为政府、法院的官方语言，大量波兰语地名被日耳曼化。1887年后，各地各级学校被迫一律使用德语。从1908年开始，甚至规定波兰人口占比低于60%的地区不能在公开集会上讲波兰语。

与俄、普占区相比，波兰人奥占区内享有相对较大的自治权，各级学校都能自由地使用波兰语，但德语仍为政府的官方语言。奥占区的主要问题是经济落后，儿童入学率低，文盲比例极高。为了扭转这一局面，人民学校协会（Towarzystwo Szkoły Ludowej）于1891年得以成立，该协会积极为文盲组织课程进行扫盲培训，并创建了图书借阅室。1898年，亚当·密茨凯维奇人民大学（Uniwersytet Ludowy im. Adama Mickiewicza）在奥占区创建。

这一时期，围绕波兰语拼写规则的讨论也一直持续不断。例如，1838年，费利茨扬·阿布董·沃尔斯基（Felicjan Abdon Wolski）在伦敦出版了《简化的波兰语拼写》（Pisownia polska ułatwiona），并围绕h与ch、u与ó等字母的拼写问题进行探讨。1860年，阿多尔夫·库达谢维奇（Adolf Kudasiewicz）在华沙发表了《从发音规则的角度评估过去和现在的波兰语拼写》（Przeszłość i teraźniejszość ortografii polskiej ocenione ze stanowiska zasad wymowy）一文。波兹南科学之友协会创办人弗朗齐谢克·克萨维利·马林诺夫斯基（Franciszek Ksawery Malinowski）还对《关于波兰语正字法的讨论和范式》的内容进行批判性的分析与修改，这在当时也引起了较大的反响。关于拼写问题的论辩如火如荼，1870年，波兹南科学之友协会甚至还发起了一场全国性的研讨会，此次集会涉及多个拼写问题，如jinny类型的词、racja-racyja-racya类型的词的拼写等。然而，尽管多年来华沙和波兹南都相继聚焦于波兰语的拼写问题，但当时还没有一个权威的机构能够担负起为三个分区组织和编纂拼写规则的任务，从而规范和强制每个波兰人去使用新的正字法。语言学家奥古斯特·亚当·杰斯克（August Adam Jeske）对此僵局评价道："我们每一步都只有改革，从改革中修正，从这些修正中再修正[1]。"最终，波兰科学与艺术学院（Polska Akademia Umiejętności）[2]为波兰语拼写揭开了新的历史篇章，迈出了拼写改革的一大步。我们将其作为1936年波兰正字法改革的历史背景，在接下来的一讲中具体介绍。

　　覆巢之下无完卵，波兰的亡国割裂了民族文化生活的连续性，对波兰语的发展与延续形成空前的障碍。波兰在世界地图上消失了长达123年后，终于在1918年摆脱了被奴役的苦难命运，重获独立，自此迎来了波兰第二共和国（II Rzeczpospolita）时期。

1　原文为：Na każdym kroku mamy tylko reformy, od reform poprawki, od tych poprawek znowu poprawki.
2　其前身为1815年成立的克拉科夫学习协会（Towarzystwo Naukowe Krakowskie），后于1872年改为学习学院（Akademia Umiejętności），1919年后又重组为波兰科学与艺术学院。

第六讲

▼

两次世界大战
期间的波兰语
(1914—1945)

01 ▶ ▷

波兰第二共和国的建立与灭亡

　　1914年6月28日，第一次世界大战的第一枪在萨拉热窝打响。随着奥地利向塞尔维亚宣战，列强纷纷加入战争，波兰的土地也成为了重要的战场。昔日联手瓜分波兰的德、奥、俄三个国家此时已变为敌对关系[1]，各自的军队中都有波兰士兵。为了进一步拉拢各自分区下的波兰人民，这三个列强纷纷抛出了诱人的"橄榄枝"。例如，1914年8月14日，俄国总司令尼古拉·尼古拉耶维奇（Mikołaj Mikołajewicz）大公表态，"将要复兴波兰使其成为沙俄的坚定盟友"。在战争初期，成千上万的波兰人被招募到三个不同阵营的军队中，与同胞自相残杀。

　　在整个被瓜分时期，波兰人民心中那团争取国家独立、民族解放的烈火始终未曾泯灭。第一次世界大战爆发前，约瑟夫·毕苏斯基（Józef Piłsudski）就在克拉科夫建立了军事训练学校。当战斗的号角吹响时，毕苏斯基已经培养了超过一万名可以参战的军事人员，他的队伍在之后的战

1　第一次世界大战中，参战国主要分为两个阵营，其中德、奥为同盟国，俄为协约国。

争中迅速壮大。随后，毕苏斯基的军队在凯尔采（Kielce）与俄军交战失败，进而转向投靠奥地利。8月27日，奥地利政府正式承认毕苏斯基的队伍，并整编了两个波兰军团，要求由奥地利政府统一指挥。此后两年，毕苏斯基带领下的军团在战场上奋勇杀敌，所向披靡。除此以外，罗曼·德莫夫斯基（Roman Dmowski）、伊格纳齐·扬·帕德列夫斯基（Ignacy Jan Paderewski）等革命家也跃跃欲试，共同为复国做出努力。

1917年俄国爆发的二月革命推翻了沙皇统治，波兰独立之路迎来了新的契机，俄国临时政府为争取波兰的支持，承诺建立独立波兰国家。十月革命取得胜利后，新生的苏维埃政权宣布废除沙俄与普、奥签订的关于瓜分波兰的一切条约，承认波兰人民享有"独立和统一的不可否认的权利"。十月革命的胜利还牵动了德奥两国国内运动的爆发，均为波兰的复兴创造了有利条件。

随着昔日瓜分波兰的三个国家在战争后期颓势尽显，波兰人民开始着手重建国家，为波兰独立的事业扫清障碍。奥占区最先解除了奥军武装，并于1918年10月28日在克拉科夫成立了波兰清算委员会（Polska Komisja Likwidacyjna）。在华沙，由德奥扶植的摄政委员会（Rada Regencyjna）也从占领者手中接管了政权，10月23日组成了以约瑟夫·希维任斯基（Józef Świeżyński）为首的政府。11月7日，波兰共和国临时人民政府（Tymczasowy Rząd Ludowy Republiki Polskiej / Rząd Ignacego Daszyńskiego）在卢布林宣告成立。11月11日，波兰清算委员会、摄政委员会和卢布林政府三方均宣布接受毕苏斯基的领导。随后，毕苏斯基在华沙组成联合政府，成为波兰第二共和国元首。波兰第二共和国的建立结束了123年被奴役的状况，在复国初期，国内呈现一片日新月异、欣欣向荣的景象，波兰语的发展也被注入了活力和生机。但另一方面，由于多年来波兰人处在一种或几种截然不同的文化之中，为他们的思想和行为打下了深刻的烙印，新生的波兰国家不得不在政治、经济、文化多方面重新勾勒波兰的蓝图。1939年9月1日，德国法西斯将侵略的爪牙伸向了波兰土地，由此开始了持续6年的第二次世界大战。同年9月17日，苏联也向波兰东部地区发起进攻。在德苏的联合打击下，昙花一现的波兰第二共和国再次亡国，被苏德两国分食。直至1945年第二次世界大战结束，波兰才再次获得独立。

02 ▶▷
两战期间波兰文化及教育状况

　　重新获得独立的波兰随即恢复波兰语作为官方语言的地位，试图摆脱沦陷期间俄语、德语等外语对波兰语的影响，并致力于在法院、军队、行政等多个领域中使用统一的波兰语术语。然而，在极力摒弃外语影响的同时，部分科学技术领域却陷入了尴尬而混乱的境地。例如，在医学术语中，一些被外语影响而形成的术语被删除，如dyfteryt（白喉，源自希腊语diphthéra、法语diphtérite）、koklusz（百日咳，源自法语coqueluche）、tyfus（伤寒，源自德语和法语的typhus），取而代之的是błonica、krztusiec、dur等纯波兰语词汇，此举忽视了前者早被公众广泛接受和使用的情况，所导致的结果是除了撰写医学教科书的人以外，当时人们在实际操作中并不使用这些新的词汇。而在口语上，由于此前各个分区相对独立，来自不同分区的波兰人在口语方面存在明显差异，人们凭借说话者的口音就能轻易判断是来自之前的哪个分区。因而，复国后的人们在口语上也追求一致性，华沙、克拉科夫口音的波兰语在全国范围内的影响力更胜一筹。在两战期间，无线电广播因天然具备示范、推广和规范波兰语的作用，对波兰语的发展有着重要的推动意义。与广播相关的波兰语词组也应运而生，且至今仍被广泛使用，例如radioodbiornik（收音机）、radioaparat（无线电设备）、radiostacja（广播电台）、audycja radiowa（电台节目）、słuchowisko radiowe（广播剧）等。

恢复独立以后，重塑国民教育的任务迫在眉睫。法律规定对7—14岁儿童实行7年制义务教育。中小学校均设置波兰语教学课程，包括波兰语文、波兰历史、波兰文学等。但复国伊始师资短缺问题成为落实政策的一大阻碍，尤其是在教育水平相对落后的前普鲁士分区。为弥补教师数量的缺口，波兰政府开始构建教师培养体系，组织高级教师课程，还建立起5

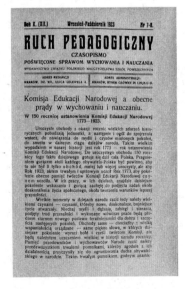

图6-1　《教学运动》（1923年，第7—8期）

年制的师范学校，允许接受了7年制小学教育的毕业生入学。此外，有关教学法的文章也日渐增多，《教学运动》（ *Ruch Pedagogiczny* ）等期刊积极探索与思考教育工作。初等教育的普及也使得农民、手工业者、工人等阶层普遍受惠，在波兰政府的努力下，文盲率由1921年的33%下降至1931年的23%。在高等教育方面，华沙大学成为波兰的最高学府，期间陆续恢复和创办了一些高校，如波兹南大学（ Uniwersytet Poznański ）[1]、卢布林天主教大学（ Katolicki Uniwersytet Lubelski ）等。

众多语言学家致力于探索和推广波兰语，与波兰语相关的协会纷纷涌现，其中最重要的是1920年由著名语言学家扬·罗兹瓦多斯基（ Jan Rozwadowski ）、扬·沃希（ Jan Łoś ）和卡齐米日·尼特斯赫在克拉科夫共同创办的波兰语爱好者协会（ Towarzystwo Miłośników Języka Polskiego ），该协会一直持续运作至今。1930年，一众华沙大学教授共同成立了波兰语言正确性与文化促进协会（ Towarzystwo Krzewienia Poprawności i Kultury Języka Polskiego ），也就是现在的语言文化协会（ Towarzystwo Kultury Języka ）的前身。两个协会的刊物分别为《波兰语》（ *Język Polski* ）和《语言指南》（ *Poradnik Językowy* ），均为波兰语言规范的多样化声音提供了自由对话平台。语言学家、语言爱好者济济一堂，成为多年来推动波兰正字法改革的主要动力源泉。1933年，得益于著名作家斯特凡·热罗姆斯基（ Stefan Żeromski ）构想的波兰文学学院（ Polska Akademia Literatury ）建成，成为发展波兰文学文化的重要国家机构。同时，围绕波兰语的著作也大量涌现，例如泽农·克莱门谢维奇

1　即现在的亚当·密茨凯维奇大学（ Uniwersytet im. Adama Mickiewicza ）。

（Zenon Klemensiewicz）的《波兰语正确发音规则》（*Prawidła poprawnej wymowy polskiej*）、斯坦尼斯瓦夫·绍贝尔的《捍卫语言》（*Na straży języka*）、塔杜施·莱赫尔-斯普瓦温斯基（Tadeusz Lehr-Spławiński）的《波兰语言发展和文化史梗概》（*Szkice z dziejów rozwoju i kultury języka polskiego*）等，其中《波兰语正确发音规则》被广泛应用于学校的教学中。

 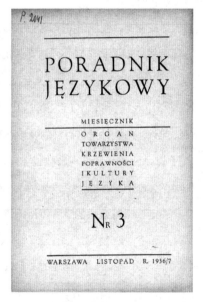

图6-2 《波兰语》（1924年，第3期）　　图6-3　《语言指南》杂志封面（1936年，第3期）

第一次世界大战以后，并非所有的波兰语地区都被纳入波兰国家的边界，尚有经受日耳曼化的西里西亚、波美拉尼亚、瓦尔米亚（Warmia）和马祖里亚等地区"流落在外"，在德波兰同胞联盟（Związek Polaków w Niemczech）及其主席博莱斯瓦夫·多曼斯基（Bolesław Domański）神父在抵御日耳曼文化入侵中发挥了重要作用。在东部，波兰语所面临的处境更为窘迫。在诸如波多利亚（Podole）的南部、沃里尼亚（Wołyń）的东部、乌克兰、维捷布斯克（Witebsk）、波洛茨克（Połock）等地区中，以少数民族身份散居在乌克兰人和白俄罗斯人之中的波兰人受到了民族、语言、宗教的多重歧视。

两战期间，波兰语中出现了许多新词汇以适应人们的多样需求，除了上述有关广播的词汇以外，与交通相关的词组也开始涌现，例如rozkład jazdy（时刻表）、bilet okresowy（定期票）、pociąg pospieszny（特快列车）、wagon sypialny（卧铺车厢）、wagon restauracyjny（餐车车厢）等。此外，与女性身份有关的名称不断增多，其中包括了profesorka（女教授）、adiunkta（女助理教授）、botaniczka（女植物学家）、żołnierka（女兵）、wartowniczka（女哨兵）、dowódczyni（女司令官）等词汇。

逐渐明确行政中的官方用语是该时期的重要举措，如prezydent（总统）、sejm（众议院）、senat（参议院）、ministerstwo（部）、gmina（乡）、województwo（省）等。在这期间，不断引起公众的关注和热议的既有词汇上的讨论，如naczelnik（首领）与prezydent等，也有形式上的争议，如ministerstwo与ministerium等。

缩写成为了这时期的一种书写潮流，例如，缩写字母"ND"可代表与国家民主党（Narodowa Demokracja / endecja）相关的派生词，如endek（国家民主党成员）、endeczka（国家民主党女成员）、endecki（国家民主党的）等。对此类滥用缩写语的现象有的语言学家持批评的态度，例如作家塔杜施·多温加-莫斯托维奇（Tadeusz Dołęga-Mostowicz）曾在文章中写道："A.N.T.W.S.T——指的是让一切都见鬼去吧（a niech to wszystko szlag trafi）。这样的缩写在国内实在是太多了。"除此之外，以姓氏为基础衍生相应的派生词也是该时期的一个语言特色，例如，azefiady一词是源于沙皇俄国间谍叶夫诺·阿泽夫（Jewno Azef），指代保密、告密。sławojka（屋外厕所）则是源自总理费利茨扬·斯瓦沃伊·斯克瓦德科斯基（Felicjan Sławoj Składkowski），这是由于他十分重视波兰农民的健康卫生问题。以领导人的名字来命名政党支持者的现象也十分普遍，例如，okoniowcy一词就源于激进农民党（Chłopskie Stronnictwo Radykalne）领导人艾乌盖纽什·奥孔（Eugeniusz Okoń）的名字，而与毕苏斯基相关的词有piłsudczyzna（毕苏斯基派）、piłsudczyk（毕苏斯基派支持者）、piłsudczykowski（毕苏斯基派的）等。

03 ▶▷
1936 年波兰正字法改革及其历史背景

数世纪来，为了保证文字的全民性和规范化，波兰语的拼写历经数次改革。最初，波兰语拼写的形成过程主要分为三个时期：简单拼写时期（12—13世纪）、复合拼写时期（14—15世纪）、变音符号引入时期（15—16世纪）。在第三讲中也有提及，由于最初拉丁字母不敷使用，出现一个拉丁字母能够代表多个波兰语的字母发音的现象，例如字母s就曾表示s、ś、š、z、ź、ż多达六种不同的发音，这也正是简单拼写时期的主要特征。到14世纪，出现了由两个或三个拉丁文字母组成的复合字母来表示波兰语中一些特殊发音。1440年，雅库布·帕尔科绍维茨撰写了波兰第一部正字法论著，他还将变音符号引入波兰语中。在经历了这三个时期以后，波兰语拼写规则基本形成，这些规则的大部分至今仍然适用。

到16、17世纪，印刷出版事业的繁荣发展，众多印刷商参与拼写的简化和完善工作。17世纪和18世纪上半叶，波兰语的拼写情况还是一片混乱。直到18世纪下半叶，波兰语才开始迈入新的重要历史时期，语言学家翁乌夫利·科普钦斯基是该时期的重要代表之一，他系统总结了当时普遍存在的拼写错误以及拼写规则不明确的问题。1830年，华沙科学之友协会对波兰正字法进行大胆尝试，它所提出的拼写方案成为后来规则不断修订完善的重要基础。此后，学者们在正字法规则上不断探索与革新。

克拉科夫学习学院一直专注于波兰语拼写问题，此外，《华沙图书馆》(*Biblioteka Warszawska*)期刊的一行学者也对统一波兰语拼写的工作饶有兴致。1881年，该期刊的主编约瑟夫·卡齐米日·普莱班斯基(Józef Kazimierz Plebański)教授邀请多位学者、编辑参与研讨，其中作为特邀嘉宾的语言学教授亚当·克林斯基为此准备了《关于波兰语拼写以及对某些语言形式的解释》(*O pisowni polskiej wraz z objaśnieniem niektórych form językowych*)一文，该文于次年在华沙发表。克林斯基对弗朗齐谢克·克萨维利·马林诺夫斯基提出的部分观点进行反驳，并评议了1830年由华沙科学之友协会所提及的副动词形式。当时的学习学院语言委员会(Komisja Językowa Akademii Umiejętności)并不赞成他所提出的观点，由此逐渐形成了华沙和克拉科夫两个派别，他们主要争议的问题如下：

表6-1　华沙派和克拉科夫派主要争议问题

问　　题	华沙派	克拉科夫派
在外来词中，辅音后是j还是i/y	Marja, Francja, Julja, Anglja	Marya, Francya, Julia, Anglia
不定式词尾的拼写	być, piec, móc	być, piec, módz
先期副动词的形式	zjadszy	zjadłszy
kie, gie还是ke, ge组合	gieografja, kielner	geografia, kelner

问 题	华沙派	克拉科夫派
部分变格的形容词词尾	词性间无区别 单数： dobr<u>ym</u> syn<u>em</u>, dobr<u>ym</u> dzieck<u>iem</u>; 复数： dobr<u>ymi</u> syn<u>ami</u>, wielk<u>imi</u> okn<u>ami</u>	单数： dobr<u>ym</u> syn<u>em</u>, chor<u>em</u> dzieck<u>iem</u> 复数： dobr<u>ymi</u> syn<u>ami</u> biedn<u>emi</u> sierot<u>ami</u>

由于两派推崇的拼写方式并不一致，全国学校理事会（Rada Szkolna Krajowa）[1]要求学习学院公开其于1885年制定的拼写规则，并试图让加利西亚地区的学校广泛应用这一规则。由于学习学院未及时落实，随后全国学校理事会发起了"教科书中的波兰语拼写项目"（Projekt ortografii polskiej w podręcznikach szkolnych），并提出以下拼写建议：不定式的拼写为-dz，即采用módz、biedz，而不是móc、biec；副动词词尾为-łszy；摒弃gieograf的拼写，规定为geograf；法国、英国的国家名称写为Francya、Anglya，而不是Francja、Anglia等。尽管这些选择具有一定的任意性，但参与者仍试图将波兰语拼写标准化和统一化，并且希望"继续遵循华沙科学之友协会所建立的拼写规则在该世纪的发展路径"。1891年1月，该提议移交学习学院征求意见，但最终仅部分内容被接受。当时，政府、法院等也开始按照这一新规则写作。然而，该决议遭到了博杜安·德·考特尼（Baudouin de Courtenay）、亚当·克林

1　全国学校理事会于1867年起在奥占区的加利西亚运作，致力于将波兰语引入学校教育中。

斯基、亚历山大·布鲁克纳（Aleksander Brückner）、扬·卡尔沃维奇（Jan Karłowicz）、安东尼·卡利纳（Antoni Kalina）等一众语言学家的反对，他们所支持的拼写规则也在亚当·克林斯基教授的《波兰语语法》（*Gramatyka języka polskiego*）一书中提出。

经过多年的争论，华沙和克拉科夫两个派别试图在拼写问题上达成一致。1906年，在克拉科夫举办的尼古拉·雷伊历史文学大会（Zjazd Historyczno-Literacki im. Mikołaja Reja）上成立了一个特别拼字法小组，该小组由博杜安·德·考特尼教授担任主席，该小组审议了由学习学院语言委员会提出的拼写方案，并最终作出以下决议：尾音音节（wygłos）处使用-ja而不是-ia或-ya；不定式采用biec、móc形式；副动词使用-szy形式；外来词采用gie形式；形容词的变化中单数为-ym/-im，复数为-ymi/-imi，词性间无区别。然而，大会的方案并未被广泛采纳，甚至在多个场合上使用的仍然是1891方案，在实际拼写中还有许多具有争议性的问题尚未解决。

1916年，波兰王国临时国务委员会（Tymczasowa Rada Stanu）[1]成立。委员会认识到波兰语拼写问题的紧迫性，并要求学习学院对波兰语拼写进行规范。在未听取各方意见的情况下，新的《波兰语拼写规则》（*Zasady pisowni polskiej*）于1917年2月17日在学习学院的行政会议上通过。然而随之而来的反对声音络绎不绝，学者们在华沙、波兹南的多份报纸及周刊上评议这一新的拼写规则。利沃夫的波兰科学促进会（Towarzystwo dla Popierania Nauki Polskiej）就该议案组织了一场反对

1　临时国务委员会于1917年由德国和奥地利占领当局建立。

活动，并重新制定了一套正字法，向相关科学机构和作家群体征求意见。1917年5月，学习学院不得不为此次颁布的拼写规则按下了"暂停键"，并呼吁多个科学学会及机构携手合作。在这一时期，关于新的波兰语拼写规则的相关出版物有扬·沃希的《古今波兰语拼写》(*Polska pisownia w przeszłości i obecnie*)、斯坦尼斯瓦夫·绍贝尔的《波兰语拼写历史、缘由及规则》(*Pisownia polska, jej historia, uzasadnienie i prawidła*)。

1918年1月4—5日，各学界代表受邀参加学习学院召开的全体会议。最终，在6月通过了《主要拼写规则》(*Główne zasady pisowni*)，并由扬·沃希教授签发，其主要内容如下：明确了"jota"的拼写问题，即拼写中 j、i、y 的使用，例如 j 写在首音节的辅音之后，如 fjołek（现 fiołek，紫罗兰）、hjacynt（现 hiacynt，风信子），但还补充了可在诗歌中根据音节需求将其写成 fijołek、hijacynt；不定式的拼写为 -c；副动词词尾为 -łszy；外来词中拼写为 ke、ge，其余为 kie、gie；保留工具格和方位格形容词词尾 -em、-emi 与 -ym、-ymi 的形式；在地名和人名的大小写问题上，规定名称及介词首字母大写，如 Pałac Pod Blachą（铜屋顶宫）、Jan Bez Ziemi（无地王约翰）等。

然而，此次通过的决议并未得到广泛采用，许多问题和疑虑仍未得到解决，部分决议与当时词典中的内容也存在矛盾。当时新闻界的拼写情况也是一片混乱，只有少数刊物遵守新的拼写要求，任意混合使用1891年和1918年规则的现象十分普遍。其中，学者们在介词短语的分写与合写问题上争议最大，扬·沃希教授提倡分写，如 na czas（按时）、z powrotem（返回）、nie do wiary（难以置信），卡齐米日·尼特斯赫教授则主张合写，即 naczas、spowrotem、niedowiary。当时有一个流传甚广的说法，形象地反映了两方代表的具体观点："Jeden do Łosia, drugi Donitscha.（一种是沃希，另一种是尼特斯赫。"）

1918—1927年间，在扬·沃希教授的指导下陆续发行了8版拼写方案。他在1928年去世后，由卡齐米日·尼特斯赫教授接任，于1932—1933年间发行了第9版和第10版拼写方案，并在其中推进了他主张的介词短语合写等构想。1933年，在华沙科学学会（Towarzystwo Naukowe Warszawskie）的一次会议上，维托尔德·多罗谢夫斯基（Witold Doroszewski）教授批评了新的拼写方案，随之也不断出现反对新方案的声音。最终，宗教事务和公共教育部（Ministerstwo Wyznań Religijnych i Oświecenia Publicznego）撤回了对新拼写方案的批准，并建议用回第8版的波兰语拼写方案。在此背景下，拼写出现了杂乱无章的现象，有的主张扬·沃希教授的版本，有的认同卡齐米日·尼特斯赫教授的版本，这种情况持续了将近两年的时间。

1935年起，波兰科学与艺术学院开始着手新拼写规则方案的筹备工作，并筹建了专门的拼写委员会（Komitet Ortograficzny Polskiej Akademii Umiejętności）。最终，新的波兰正字法于1936年问世，其主要内容如下：

（1）明确界定i和j的拼写。一般在辅音后写为i，但在辅音c、s、z后时，则写为j，如Francja、pasja（热情）、diecezja（教区）、Azja（亚洲）。部分单词允许i和j两种写法的存在，如Maria-Maryja、triumf-tryumf（成功）。

（2）工具格和方位格的形容词、形容词性质的代词词尾一般为-ym，-ymi；-im，-imi。

（3）规范地理名称。morze（海）、góra（山）、półwysep（半岛）、przylądek（岬角）等与地理相关的词汇，其首字母为小写的情况仅限于其所修饰的名称可以作为主格独立出现时，如 Bajkał、Marmara、Rozewie 等名称，即 jezioro Bajkał（贝加尔湖）、morze Marmara（马尔马拉海）、przylądek Rozewie（罗泽维海角），否则，两个单词的首字母都必须大写，如 Morze Martwe（死海）、Przylądek Dobrej Nadziei（好望角）等地名。

（4）具体确认了部分介词短语的分写与合写情况。例如，nareszcie（终于）、naprawdę（真的）、na razie（一会儿见）。

（5）要求否定词 "nie" 和屈折动词分词（imiesłów odmienny）分开拼写。例如，Człowiek nie pohamowany żadnym nakazem（一个不被任何戒律约束的人）。

（6）规定 -by 是独立的，合写情况只包含人称动词，以及诸如 aby（为了）、jakby（像）等无法分写的连词或助词。

（7）对 ke、ge、kie、gie 作了详细的分类。例如，外来词中的 gie 统一为 ge，如 sugestia（建议）、hegemonia（霸权）等词。

除了上述主要规则以外，新的波兰正字法还明确了 ctwo 与 dzwo、izmie 与 yzmie 等搭配的拼写区别，且统一了部分具体词汇的拼写，例如规定了是 bruzda（皱纹），而不是 brózda；是 pasożyt（寄生虫），而不是 pasorzyt。1936 年波兰科学与艺术学院拼写委员会的新方案结束了此前拼写混乱的局面，为现代波兰语的拼写规则定下了"主旋律"，是波兰语言史上的一个重要里程碑。

1945 年，波兰历史翻开了崭新的一页，面对千疮百孔、百废待兴的经济、文化和社会生活，人民政权着手国家的恢复与重建。然而，波兰人民对苏联式的社会主义制度缺乏思想准备，社会"离心力"不断凸显，波兰语的发展也随之面临另一番境地。

第七讲
▼
人民波兰时期的波兰语
（1945—1990）

01 ▶▷
二战中波兰的重生

在第二次世界大战中，波兰民族遭受空前的浩劫，德国和苏联将纳粹主义和斯大林主义强加给波兰人民，并不断挑起占领区内各民族之间的矛盾。1941年6月22日，德国法西斯率先撕毁《苏德互不侵犯条约》(*Pakt Ribbentrop-Mołotow*)[1]，大举突袭苏联，挑起了苏德战争。1942年，新生的波兰工人党 (Polska Partia Robotnicza) 高举民族解放和社会解放的旗帜，开展广泛的民族统一战线工作，积极谋求波兰的独立。该政党还建立起新的武装组织——人民近卫军 (Gwardia Ludowa)，为波兰反法西斯斗争作出了重要贡献。1943年，曾在莫斯科受训的波兰共产主义者瓦迪斯瓦夫·哥穆尔卡 (Władysław Gomułka) 出任波兰工人党的总书记。另一方面，在波兰第二共和国崩溃后，约200万波兰人涌入了苏联境内。随着在苏联建立的波兰侨民政治组织的声音不断壮大，最终经由苏联政府同意，于1942年2月成立了波兰爱国者联盟 (Związek Patriotów Polskich)，后

1　1939年8月23日，苏德两国签订互不侵犯条约，条约规定：缔约双方不得采取任何侵略行动，不得使用武力进攻对方，一方遭到进攻时另一方不得援助进攻之国等。

又组成波兰人民军队"波兰第一师"[1]，与苏联红军并肩作战，正面打击法西斯力量。

另一股反法西斯的重要力量是由常驻伦敦的波兰流亡政府（Rząd Rzeczypospolitej Polskiej na uchodźstwie）[2]领导的波兰国家军（Armia Krajowa），这支队伍在国内积极开展游击战争，以各种方式牵制和消耗德军的大量兵力。

随着在苏联组建的波兰武装力量配合红军逐步解放了波兰东部领土，1944年7月，全国人民代表会议（Krajowa Rada Narodowa）[3]决定在海乌姆（Chełm）成立波兰民族解放委员会（Polski Komitet Wyzwolenia Narodowego），并颁布了《波兰民族解放委员会宣言》（*Manifest Polskiego Komitetu Wyzwolenia Narodowego*），史称"七月宣言"，宣告波兰人民政权的诞生。随后，该政权得到了苏联的正式承认。为此，流亡政府和国家军惶恐不安，于同年8月发起了轰轰烈烈的华沙起义（Powstanie Warszawskie），在与法西斯奋力一搏的同时，也期望能赶在苏波军队解放华沙之前，从德国人手中夺取首都的控制权，从而建立一个独立的波兰政权。然而，坚持了63天的浴血奋战最终以失败告终。

1944年12月31日，全国人民代表会议通过了把波兰民族解放委员会改组为波兰共和国临时政府的决定。随后，临时政府相继得到苏联、捷克斯洛伐克和南斯拉夫政府的承认。与此同时，伦敦流亡政府内部却开始分

1　该军队以民族英雄塔杜施·科希丘什科（Tadeusz Kościuszko）命名，全称为1 Polska Dywizja Piechoty im. Tadeusza Kościuszki。

2　指1939年至1990年期间存在的波兰共和国政府，先后在法国巴黎、里昂和英国伦敦运作，领导境外波兰人的抗战活动。

3　第一次全国人民代表会议于1943年召开，并选举了波兰工人党主力成员博莱斯瓦夫·贝鲁特（Bolesław Bierut）担任主席。

崩离析。

1945年波兰全国解放，领土面积与战前相比减少了77 000平方公里，且国内民族相对单一。国家重建的工作从零开始，处于苏联严密的军事和政治控制之下，并在政治和经济体制方面沿袭了苏联模式。为循序渐进地推进建设社会主义进程，政府作出了一系列战略部署，例如实施了1947—1949年的"三年计划"和1950—1955年的"六年计划"。1948年，波兰工人党与波兰社会党（Polska Partia Socjalistyczna）[1]联合组成波兰统一工人党（Polska Zjednoczona Partia Robotnicza），此后该党一直执政到1989年。1952年7月22日，正式定国名为波兰人民共和国（Polska Rzeczpospolita Ludowa）。该时期的波兰已俨然成为一个与战前共和政体完全不同的新国家，直到1989年这个特殊的时代才落幕。

---

1 1944年—1948年存在的政党。

02 ▶ ▷
1949 年扫盲运动及波兰教育情况

　　据初步估计，二战结束后波兰约有300万文盲，工作适龄者超半数，以农民和工人阶层居多，这个基数庞大的文盲群体难以适应社会主义建设的要求。早在1946年，波兰当局就开始展开读写培训课程。到1949年4月7日，波兰政府正式颁布了一项扫盲法令，宣布为扫清"资产阶级和地主阶级的余毒"以及"波兰人民共和国实现民族经济和文化全面发展的障碍"，对14至50岁的文盲、半文盲实行免费义务教育，委任前信息宣传部（Ministerstwo Informacji i Propagandy）部长斯特凡·马图谢夫斯基（Stefan Matuszewski）为扫盲运动的全权代表，并设立省、县和乡各级委员会负责动员和落实扫盲工作。第一阶段工作是登记文盲人数，然而并非所有人都即刻响应号召，当时许多人逃避登记工作，文盲、半文盲的记录人数与实际情况相差悬殊。其缘由在于许多人羞于承认自己是文盲，以及学习培训与繁重的生产任务难以兼顾。此外，一些地方组织并没有为学习者提供友好的环境，使得文盲身份受到周遭人群的嘲笑。为此，登记人员巧思良策，例如，格但斯克造船厂（Stocznia

Gdańska）就要求所有工人在工资单上签字，以此验证工人是不是文盲或半文盲。

波兰效仿苏联的做法，通过开展为期数周的读写课程来消除文盲现象。为了保证良好的参与率及顺利完成扫盲任务，各地绞尽脑汁，采取了五花八门的措施，可谓"软硬兼施"。一些地方采用逐出工会、取消假期等形式惩罚逃避培训的人，还有一些地方另辟蹊径，通过提供各种福利来鼓励学习，例如，兹盖日（Zgierz）为参加培训课程的学员提供特殊凭证，能够优先购置生活必需品，西里西亚省的某些县镇还推出了膳食补贴、免费假期、发放化肥等多样补助。除此以外，妇女联盟（Liga Kobiet）、波兰青年联盟（Związek Młodzieży Polskiej）、波兰童军协会（Związek Harcerstwa Polskiego）等社会组织也大力支持妇女参与扫盲教育，推出了诸如为参加课程的母亲照顾孩子等措施。

报刊是扫盲运动宣传的重要渠道之一，除了有关扫盲工作的文章以外，还会刊登一些幽默的宣传漫画。例如，《罗兹日报》（*Dziennik Łódzki*）曾刊登了一幅老人在读书的插图，图中老人用手势示意身边人不要打扰，并配文："该死的扫盲斗争！自从我的爷爷会认字后，他就再也离不开书籍和报纸了[1]。"此外，政府亦十分重视广播在扫盲工作中的作用，并专门成立了一个无线广播小组委员会（Podkomisja Radiowa），公众能够在广播中听到各种宣言、演讲、报告、示范课程等内容。

---

1 原文为：Skaranie z tą walką z analfabetyzmem! Od czasu, kiedy dziadka nauczyli czytać, nie sposób oderwać go od książek i gazet.

自建国以来，相关扫盲教材资料的出版也层出不穷，其中包括《迈向更好的未来——面向小学和成人课程的波兰语读物》(*Ku lepszej przyszłości. Czytanki polskie dla starszej młodzieży szkół powszechnych i kursów dla dorosłych*)(1945年)、《入门——成人阅读和写作教学》(*Start. Nauka czytania i pisania dla dorosłych*)(1948年)、《在路上——成人的第一本读物》(*Na trasie. Pierwsze czytanki dla dorosłych*)(1949年)等。除了传授基础知识以外，教材还融入了一定的政治色彩，例如：《入门——成人阅读和写作教学》中有一篇题为《重建波兰》(*Odbudowa Polski*)的短文，在简单的句子中向人们传达战后重建的重要任务："曾有一场战争。一场可怕的战争。/但波兰自由了。/到处都是废墟。但我们正在重建波兰。/我们在建造家园、铁轨、桥梁。/我们在废墟上破旧立新。/一起劳动吧！/让我们建设一个新波兰！[1]"又如，《士兵》(*Żołnierze*)一文以波兰和苏联共同抗战的历史为切入点，赞颂波苏间的革命友谊："这有两名士兵。/一名是波兰战士，/一名是苏联红军。/他们并肩作战。/他们奋战良久才把敌人赶跑。/……/向红军英雄们致敬！/向波兰军队的英雄们致敬！/手足之情让我们永远团结在一起。[2]"除了教材以外，专门为教师制定的教学指南也应运而生，例如《根据启蒙读物〈入门〉编写的教学指南》(*Przewodnik dla nauczających według elementarza dla dorosłych*

---

[1] 原文为：Była wojna. Okropna wojna. / Ale oto Polska jest wolna. / Dookoła ruiny. / Ale my odbudujemy Polskę. / Budujemy / domy, tory, mosty. / Odbudujemy / stare i wybudujemy nowe. / Dalej do roboty! / Budujmy nową Polskę!

[2] 原文为：Oto są dwaj żołnierze. / Jeden — to żołnierz polski, / drugi — to żołnierz Armii / Czerwonej. Długo walczyli, / zanim przepędzili wroga. / Walczyli ramię przy ramieniu. / ... / Cześć bohaterom Armii Czerwonej! / Cześć bohaterom Wojska Polskiego! / Braterstwo broni łączy nas na zawsze.

„Start"）就是以《入门——成人阅读和写作教学》一书为基础编撰的。

这场轰轰烈烈的扫盲运动一直持续到1951年12月，给众多的工人农民带来洞悉世界的能力，大约有60万人摘掉了"文盲""半文盲"的帽子。文盲率在二战前高达23.1%（1931年），到1950年和1960年已分别下降至5.5%和2.7%，社会整体文化水平得到极大提高。

为了迎接波兰建国一千周年（966—1966年），并解决50年代"婴儿潮"带来的教育问题，哥穆尔卡提出了"千年波兰千所学校"（Tysiąc szkół na Tysiąclecie Państwa Polskiego）项目，计划在1966年之前全国兴建1 000所学校。1958年11月29日，成立了"建设千年学校社会基金"（Społeczny Fundusz Budowy Szkół Tysiąclecia）。此外，项目资金还包括以社会捐款的形式筹集资金。1959年7月，位于西里西亚省切拉季（Czeladź）的第一所"千年学校"（szkoła tysiąclecia 或 tysiąclatka）开始面向社会招生。到1965年，基金赞助下落实建成的小学达到1 105所，高中、职业学校、特殊学校、教师宿舍等也相应被列入计划，动工建设。

此外，高等教育在人民波兰时期也得到重视。二战以后，波兰国内就陆续恢复了众多高等学校，还创办了罗兹大学（Uniwersytet Łódzki）、卡托维兹西里西亚大学（Uniwersytet Śląski w Katowicach）、格但斯克大学（Uniwersytet Gdański）等新的高校。

03 ▶ ▷
人民波兰时期的语言特征

由于人民波兰时期社会制度的变革，波兰语中产生了大量新的词组，以适应新时代的需要，例如：

（1）政治方面：odwilż październikowa（十月事件）[1]、kult jednostki（个人崇拜）、propaganda sukcesu（成果宣传）等；

（2）经济方面：kartkowy system racjonowania żywności（粮食票证配给制）、talony（票证）、dostawy obowiązkowe（义务交售）[2]等；

（3）社会生活方面：czyn społeczny（社会行动）[3]、zasiłek pokarmowy（食物补贴）等；

（4）教育方面：stypendium fundowane（奖学金资助）、praktyki

---

1 1956年10月苏联领导集团干预波兰内政，以瓦迪斯瓦夫·哥穆尔卡为首的波兰政府与其博弈周旋，史称"波兰十月事件"。
2 指要求农民半无偿或近乎无偿地向国家交售相当数量的农产品的制度。
3 指号召群众自愿为社会提供的无报酬劳动，实际上是贯彻苏联"星期六义务劳动"理念的活动。

robotnicze（劳动实践）等；

（5）日常生活方面：ślepa kuchnia（全封闭厨房）、mieszkanie rotacyjne（轮换公寓）、książeczka mieszkaniowa（房屋簿）[1]、wczasy pracownicze（员工假期）、klubo-kawiarnia（咖啡厅俱乐部）、komitet kolejkowy（轮候委员会）[2]、stacz（提供替人排队服务的人）、baba z cielęciną（"小牛肉农妇"）[3]等。

人民波兰时期人们主要庆祝的节日有劳动节（Święto Pracy）、国庆节（Narodowe Święto Odrodzenia Polski）[4]、十月革命周年纪念日等，与此同时，众多宗教节日曾一度被赋予世俗的性质，其形式包括对诸如 święty（神圣的，圣人的）等词汇进行修改。具有代表性的例子有诸圣节[5]由 Wszystkich Świętych（直译为"圣洁的众人"）改为 Dzień Zmarłych（直译为"死者的节日"），圣诞老人由 Święty Mikołaj 改为 Dziadek Mróz（直译为"严寒老人"[6]）等。

波兰人民共和国的语言特色还反映在人们称呼的改变上。在过去的正式场合上，波兰人对拥有 książę（王爵）、hrabia（伯爵）、baron（男爵）等尊称头衔人物的称呼十分讲究，例如 jaśnie oświecony 就常用以表达对拥有爵位头衔人物的尊敬，直译为"十分开明的"，实际上是"阁

---

1 是人民波兰时期的一种储蓄方式。
2 在人民波兰时期，由于人们常常需要排队购买生活用品，逐渐自发组织了轮候购买某种商品的委员会，按照委员会的轮候名单顺序依次购买。
3 在人民波兰时期的配给制下，出现私自兜售肉品的现象，且通常由农妇背着包裹在城乡之间运送。
4 人民波兰时期国庆节为每年的7月22日，与1944年《七月宣言》的签署相关。
5 每年的11月1日，波兰人会前往墓地进行祭扫，以悼念已经逝世的人，类似于中国的清明节。
6 弗罗斯特祖父原是东斯拉夫民间传说中的人物，在苏联十分流行，并被视为圣诞老人的世俗等同物。

下"的含义，例如 Jaśnie Oświecony Książę Stanisław Lubomirski（斯坦尼斯瓦夫·卢博米尔斯基亲王阁下）。到了人民波兰时期，"公民"（男：obywatel，女：obywatelka）和"同志"（男：towarzysz，女：towarzyszka）成为波兰人广泛使用的称谓用语，如 obywatel Stanisław Lubomirski。波兰统一工人党成员之间常见的问候是"Dzień dobry, obywatelu!"（您好，公民！）或者"Dzień dobry, towarzyszu!"（您好，同志！）。也可以在"公民"或"同志"后面加上姓氏，如"Dzień dobry, obywatelu Lubomirski!"（卢博米尔斯基公民，您好！）在社会交际活动中，人们在正式场合上常常采用"公民＋职务（职业）名称"或"职务（职业）＋同志名称"的方式尊称某人，例如 obywatelu dyrektorze（公民主任）、towarzyszu ministrze（部长同志）。

值得指出的是，在正式场合或者波兰统一工人党内成员之间的谈话中，人们常常使用人称的复数形式替代单数形式，我们可以通过几个例句来看这一语言现象的具体表现：

假设场景是"我"向某人询问："您在工作上是否有问题？"按照现代波兰语的表达，该疑问句应为：Czy ma Pan problemy w pracy? 主语是第三人称单数 Pan ["（先生）您"]，对应的谓语动词是 ma（"您有"）。

但当时的表述是：Czy macie jakieś problemy w pracy? 此时，该句子直译为"你们在工作上是否有问题？"疑问句的主语由第三人称单数变成了第二人称复数"你们"（wy-macie 是"你们有"）。

假设"我"还提出"我帮忙解决问题"，按照现代波兰语的表达，该陈述句应为：Pomogę je rozwiązać。主语是第一人称单数"我"（japomogę 是"我帮忙")。

但当时对应的波兰语是：Pomożemy je rozwiązać。此时，该句子直译为"我们帮忙解决问题。"陈述句的主语由第一人称单数变成了第一人称复数"我们"（my-pomożemy 是"我们帮忙"）。

由此可见，尽管是一对一的谈话，是"我"向"您"发出的动作，但当时的波兰语会用复数的"你们""我们"替代单数的"您""我"进行表述。

（1）Dziękuję Panu za ciężką pracę.

（2）Dziękujemy towarzyszu Nowak za waszą ciężką pracę.

又如，假设"我"要向诺瓦克（Nowak）先生表达感谢，例句（1）是现代波兰语的说法，即"我感谢您的辛勤工作"，主语是第一人称单数"我"（ja-dziękuję 是"我谢谢"）。例句（2）是人民波兰时期的说法，直译为"我们感谢诺瓦克同志的辛勤工作"，主语变成了第一人称复数"我们"（my-dziękujemy 是"我们谢谢"），并以"同志"（towarzysz）称呼"您"（pan）。此外，尽管"我"只是对诺瓦克一个人说，但依旧表达为"你们的辛勤工作"（za waszą ciężką pracę）。这种复数形式的语法偏好在人民波兰时期十分常见，这种现象应该与当时提倡集体主义，淡化个人利益的政治倾向有关。

此外，波兰人民共和国也接过了1936年正字法的"接力棒"，继续推进波兰语拼写规则的改革工作。1952年，在华沙成立了波兰科学院（Polska Akademia Nauk）。两年后，科学院附属的语言学委员会（Komitet Językoznawstwa Polskiej Akademii Nauk）成立了语言文化委员会（Komisja Kultury Języka），并委任其编写第12版波兰语拼写方案。

1956年1月20日，新的拼写规则获得了波兰科学院语言学委员会的批准，并于次年2月印刷出版。新规则是围绕1936年的拼写方案展开的，主要内容包括：

（1）否定词nie与形容词、副词的比较级和最高级之间分写。例如，尽管形容词原型niegrzeczny（不礼貌的）是合写的，但其比较级、最高级要分写，即nie grzeczniejszy（更不礼貌的）、nie najgrzeczniejszy（最不礼貌的）；副词同理，如niegrzecznie（不礼貌地）—nie grzeczniej（更不礼貌地）—nie najgrzeczniej（最不礼貌地）。

（2）由两个名词组成的地名使用连字符，如Warszawa-Środmieście（华沙斯罗德米斯切车站）、Piwniczna-Zdrój（皮夫尼奇纳-兹德鲁伊）。

（3）wice-、anty-、kontr-等外来前缀与后面的单词之间合写，如wiceprezes（副总统）、antypaństwowy（反国家的）、kontrwywiad（反间谍）。

（4）by与jak（怎样）、gdzie（哪里）等疑问代词和关系代词之间分写，合写情况包括人称动词、无法分写的连词或助词，以及by出现在诸如albo（或者）、ale（但是）等连词后。

（5）与方位相关的复合词不使用连字符，如dolnośląski（下西里西亚的）、północnoeuropejski（北欧的）等词；但如果前后两个词均为方位词东、南、西、北，则仍需连字符连接，如północno-zachodni（西北的）。

（6）大小写问题的规范。例如，允许重要历史事件、勋章名称等情况首字母大写，如 Wiosna Ludów（民族之春[1]）、Krzyż Walecznych（英勇十字勋章）。

除了上述主要规则以外，新的波兰正字法还规范了缩写与标点符号的使用等，部分修订内容时至今日也依旧适用。

第13版的波兰语拼写方案工作在1961年开始筹备，历时两年后得以完成，并准备出版。其主要内容如下：（1）否定词 nie 与 -ący、-ny、-ony、-ty 形式的形动词连接时要合写，如 niepomalowany（未粉刷的）、niedomknięty（未封闭的）；（2）by 合写范围仅包括人称动词及无法分写的连词，如 czytałbym（我要是读）、aby；（3）规定了大小写问题，如与地理相关的词汇以及诸如咖啡厅（kawiarnia）、酒店（hotel）、电影院（kino）等地方词汇使用小写字母，名称使用大写字母，如 morze Bałtyckie（波罗的海）、kawiarnia Nowy Świat（新世界咖啡厅）；表示来自某国家、省份、城市、村庄的人的名词首字母大写，如 Rosjanin（俄罗斯人）、Warszawiak（华沙人）。尽管万事俱备，但该方案与第12版颁布的时间相隔较短，容易造成拼写混乱局面，再加上正式发行前部分内容被曝光，受到了多方的争议，最终教育部未批准第13版方案的发行。

因此，相当一段时间内人们普遍使用的是第12版正字法。到1971年，波兰科学院语言文化委员会也仅是对一些单词的拼写进行了较小的修正，例如，规定了"商业"是 biznes，而不是 business，"冠军"是 czempion，而不是 champion，"呼拉尔"是 churał，而不是 hurał，"成吉思汗"是 Czyngis-chan 或 Dżingis-chan，而不是 Czyngiz-chan 等。委员会还明

---

1 指1848年欧洲各国爆发的一系列武装革命。

确了文件名称只有第一个单词的首字母大写，例如，《五·三宪法》应为"Konstytucja 3 maja"，而不是"Konstytucja 3 Maja"。这些内容也相继被纳入由语言学家斯坦尼斯瓦夫·约德沃夫斯基（Stanisław Jodłowski）和维托尔德·塔希茨基（Witold Taszycki）编写的第17、18版《使用拼写词典学习波兰语拼写和标点符号规则》（*Zasady pisowni polskiej i interpunkcji ze słownikiem ortograficznym*），以及第8、9和10版《波兰语规范书写拼写词典》（*Słownik ortograficzny i prawidła pisowni polskiej*）。

　　1973—1974年期间，语言文化委员会再次对波兰语拼写规则作出较小修改，其中包括规定公司品牌名称需要大写，例如，菲亚特汽车写为samochód marki Fiat或samochód „Fiat"，"流行牌"香烟写为papierosy Popularne等。但在现有的词典中许多单词和表达方式仍然存在差异，语言文化委员会不断努力消除这些差异性，使波兰拼写规则趋向规范和一致。

　　随着苏联解体，两极格局彻底瓦解，持续近半个世纪的冷战随之结束。在新的国际形势下，波兰面临着前所未有的机遇与挑战，语言的发展也随之汲取到新的营养，开启了新的篇章。

第八讲
▼
1990 年后的现代波兰语

01 ▶▷
新波兰共和国的诞生

    人民波兰时期是波兰经历的唯一一段与其历史传承不符的时期，自古就缺乏专制传统的波兰在剧变前的旧体制也比其他东欧国家温和。自1953年斯大林逝世以来，东欧就开始出现"去斯大林化"（destalinizacja），哥穆尔卡领导的温和改革逐步实施，在波兰国内推行走不同于苏联模式的道路。此外，国内的抗议和罢工活动也此起彼伏，例如1956年的波兹南事件（Poznański Czerwiec）[1]、1970年波兰抗议事件（Grudzień 1970）[2]，而1980年的8月事件（Sierpień 1980）导致了团结工会（Niezależny Samorządny Związek Zawodowy „Solidarność"）的产生，并逐步将波兰人民共和国引向终结。

    8月事件的发生并非偶然，而是种种原因所致。自1970年爱德华·盖莱克（Edward Gierek）继任上台以来，波兰通过向西方大借外债的形

---

1 波兹南事件是波兰人民共和国历史上第一次针对波兰统一工人党政府的大规模罢工事件，事件爆发于1956年6月28日。

2 由于长期积累的社会矛盾，加之政府普遍提高物价，1970年12月14日至22日在格但斯克、格丁尼亚（Gdynia）、什切青（Szczecin）等地发生大规模工潮。

式大力推行"高投资、高消费、高速度"的战略方针，加上大搞社会福利，使得政府财政问题日益凸显。与此同时，到70年代中期，由于世界石油价格上涨，通货膨胀加剧，西方国家纷纷推行关税保护政策，波兰商品的出口受到了限制。为摆脱经济困境，1980年7月1日，政府宣布大幅度提高物价，但这一举动在当天即引起了轩然大波，随后迎来新一轮全国性大罢工。在这波工潮中，工人们逐渐走向联合，并成立了罢工委员会（komitet strajkowy）。8月16日，格但斯克诞生了厂际罢工委员会（Międzyzakładowy Komitet Strajkowy），并推选格但斯克造船厂的电工莱赫·瓦文萨（Lech Wałęsa）为主席。次日，委员会即提出了他们的二十一条要求（21 postulatów Międzyzakładowego Komitetu Strajkowego），首要是建立独立工会的诉求。为平息抗议的大潮，8月31日，以副总理米契斯瓦夫·雅盖尔斯基（Mieczysław Jagielski）为首的政府委员会和以瓦文萨为首的格但斯克厂际罢工委员会签署了协议，当局被迫同意新工会的建立。随后经批准，团结工会成为合法的工人组织。

新工会的队伍日益壮大的同时，波兰统一工人党政府的统治基础在不断削弱，飞速增长的财政赤字和急速下降的生活水平令人焦头烂额，政府领导班子甚至多次，试图挽救失控的局势。最终，为了抑制社会骚乱，1989年2月6日至4月5日波兰政府与包括团结工会在内的各种政治力量举行了所谓的"圆桌会议"（Okrągły Stół），对国家政治、经济、社会改革和工会多元化问题进行商讨，而此次会议也开启了东欧变革的先河。根据圆桌会议达成的协议，波兰重新恢复由众议院和参议院组成的两院制议会，获得席位最多的政党组建政府。原本政府当局计划通过占据两院多数议席以维持现有体制，但在6月4日举行的全民半自由选举中，当局并未达到预期的结果，反而团结工会以压倒性获得最多票数。8月24日，议会通过决议，由团结工会顾问塔杜施·马佐维耶茨基（Tadeusz Mazowiecki）担任总理，组成二战以后东欧的第一个非共产党人领导的政府，随之开始了"团结工会政府"执政时期（1989—1993年、1997—2001年）。不久，波兰也正式取消"人民共和国"的国名，改为波兰共和国（Rzeczpospolita Polska）。

1991年，苏联这个曾经雄霸一时的超级大国土崩瓦解，波兰重回"西方怀抱"，于1999年加入北约，2004年加入欧盟。随着近年来的持续发展，波兰成为欧陆经济增长"新引擎"，并在国际舞台上不断提升自身地位。社会发展必然会对语言产生深刻影响，波兰语在全球化语境中不断革新和发展，并呈现出一派新的语言风貌。

02 ▶▷
当代波兰语的发展及特征

1992—1996年间，波兰科学院的语言文化委员会继续完善波兰语拼写规则，主要修正包括：明确需要首字母大写的情况，如计算机系统和程序名称、广播电视节目等；与前缀eks-、auto-相关的复合词需要合写，如eksmąż（前夫）、autonaprawa（汽车维修）；统一pineska（pinezka，图钉）、hobbysta（hobbista，爱好者）等具有拼写争议的词汇形式；句子中副动词需要与动词分隔，如Wysławszy list, wróciłam do domu.（我寄出信后回家了。）；专有名称中使用numer（数字）及其缩写nr时需小写等。

1996年9月9日，波兰科学院决定成立一个波兰语言协会，专门负责波兰语的词汇、语法、发音、拼写、标点符号等规范问题。1997年12月9日，协会审议了由爱德华·波兰斯基（Edward Polański）教授提出的11项建议，其中同意无论从动词派生的形容词是被动还是主动形式，均与否定词nie合写，例如niepalący（不抽烟的）、nieznany（不被知晓的）等。

21世纪以来，波兰语言协会不断推出新的拼写方案，根据其官方网站[1]信息，自2000年以来的修订内容包括：

表8-1 2000年以来波兰语言协会通过的拼写决议

决议通过时间	具 体 内 容
2000年12月5日	网站名称包含的每个单词的首字母都需要大写，但连词和介词除外，例如"Wiedza i Edukacja"（"知识与教育"）[2]。
2001年11月20日	在波兰语文本中，德语字母 ü、ö、ä 可以保持不变或者分别写为 ue、oe、ae，首选保持原形。
	在波兰语文本中，德语字母 ß 写为 ss。
2002年5月21日	杂志标题包含的每个单词的首字母都需要大写，但连词和介词除外，而杂志副标题仅第一个单词的首字母大写，例如 *Tele Tydzień. Popularny magazyn telewizyjny*（《电视周刊——热门电视杂志》）[3]。
	明确"电子邮件"的拼写为 e-mail。
	Dumas ojciec（大仲马）、Dumas syn（小仲马）、Strauss starszy（老约翰）、Strauss młodszy（小约翰）等类型词汇中，界定所属身份的词需小写。
2002年11月19日	意思为"非洲"的前缀 afro- 与一个国家、大陆、地理区域的居民名称或与一个民族、种族或部落成员名称组成复合词时，需要大写[4]。

---

1 见波兰语言协会官方网站：https://rjp.pan.pl[访问日期：2023-08-31]
2 该决议随后分别于2002年10月19日、2009年3月23日作出修改。
3 该决议随后于2009年3月23日作出修改。
4 由于该决议未提供具体实例，有学者对此拼写形式存疑，例如 afro- 与 Polak（波兰人）组合时，可能会出现以下拼写形式：Afro-polak、afro-Polak、Afro-Polak、Afropolak、afroPolak、AfroPolak。

决议通过时间	具 体 内 容
2002年11月19日	表示年份的后缀 -lecie 只能与小于39的罗马数字[1]组合，即不能出现罗马数字 L、C、D、M，例如可写成 XXVIII-lecie（28），但不能写成 XL-lecie（40）。
2004年5月7日	如果地名由两个或两个以上的单词组成，应使用连字符，例如 Busko-Zdrój（布斯科-兹德鲁伊）、Bielsko-Biała（别尔斯科-比亚瓦）；如果词与词之间是修饰与被修饰的关系，则不添加连字符，例如 Nowy Sącz（新松奇）；当第一个单词为 Kolonia（聚居地）、Osada（村落）、Osiedle（次分区）时，同样不添加连字符。
	姓名的缩写（inicjał）是由姓氏和名字的首字母构成，并分别在其后添加句号，例如 K.N.-Katarzyna Nowak；若出现以二合字母 rz、sz、cz 或三合字母 dzi 开头的名字或姓氏，则只保留第一个字母，例如 C.-Czesława、D.-Dzierzysław；若出现以二合字母 ch 开头的词则不删除 h，例如 Ch.-Chryzostom；当涉及双姓氏[2]时，同样是保留首字母并添加句号，例如 Z.K.S.-Zofia Kossak-Szczucka。
2006年5月15日	规定《波兰法律杂志》（*Dziennik Ustaw*）[3]的缩写为"DzU"或"Dz.U."。

1 除了阿拉伯数字以外，波兰人也常常在时间等方面使用罗马数字，其中罗马数字体系包含 I（1）、V（5）、X(10)、L(50)、C(100)、D(500)、M(1 000)。

2 一般而言，波兰人的姓氏来自父系，女子在结婚后通常改用丈夫的姓氏，但也可以选择与原来的姓氏结合形成双姓氏。

3 《波兰法律杂志》的全称为 *Dziennik Ustaw Rzeczypospolitej Polskiej*，是波兰颁布法律的唯一官方途径，并且全权由波兰总理负责。

决议通过时间	具 体 内 容
2008年4月7日	关于"Kresowianin"/"kresowianin""Zabużanin"/"zabużanin"这类表示居民身份的词大小写的原则，不同含义所采用的大小写形式不同。指"前波兰东部地区的人"采用大写形式：Kresowianin，而指"居住在边境地区的居民"则用小写形式：kresowianin，同样Zabużanin指"居住在布格河以东地区边境居民"，而小写形式zabużanin则指"来自扎布泽（Zabuże）村庄的人"。
	规范了阿拉伯专有名词Al-Kaida（"基地"组织）、Al-Dżazira（半岛电视台）的拼写。
	规定了教育机构（幼儿园、中小学和大学、图书馆等）的口语化简略形式的标注原则：应使用首字母大写——带或不带双引号，例如II Liceum Ogólnokształcące im. Jana Śniadeckiego（扬·斯尼亚德茨基第二中学）可表达为口语化简略形式„Śniadek"或Śniadek，Biblioteka Jagiellońska（雅盖隆图书馆）可表达为„Jagiellonka"或Jagiellonka。
2008年12月8日	关于以-x结尾的名词的变格可以有两种形式，一种是保留-x-，例如Hortex（霍泰克公司）-Hortexu、Hortexowi、Hortexie；另一种是以-ks-代替-x-，例如Hortex-Horteksu。
	连续出版物标题包含的每个单词的首字母都需要大写，但出现在词组中间的连词和介词除外，例如Gazeta Wyborcza（《选举报》）、A To Polska Właśnie（《这就是波兰》）。
	明确了kosmos（宇宙）和wszechświat（宇宙）的单数形式首字母大写或小写均可，而复数形式则分别写为kosmosy、wszechświaty。

与以往的修正工作一样，不乏质疑和批评新决议的声音，部分条例甚至受到市面上词典的忽视。但总体而言，波兰语言协会优化和完善了波兰语规范标准体系，新时代波兰语言文字事业又前进了一大步。

社会的巨大变革必然会导致语言的变化和发展，同时语言的变化过程也无不折射出社会生活的变迁。自波兰内外政策改弦易辙以来，大量新词汇接连诞生，许多波兰语词汇间的组合也获得全新的语义，以适应新的社会运行机制。例如reprywatyzacja（再私有化）、weto prezydenta（总统否决权）、telewizja kablowa（有线电视）、karuzela stołków（轮席，直译为凳子的旋转木马）、pracować na czarno（打黑工，直译为在黑暗中工作）等。

随着全球化浪潮的席卷，外来词对波兰语的影响不断深入，其中英语首屈一指。例如，英语的lobby（游说）被引入波兰语中，并产生了相应的派生词（derywat），如lobbować（游说【动词】）、lobbowanie（游说【名词】）、lobbowany（被游说的【形容词】）、lobbysta（说客）等，类似的还有blog（博客）— bloger或blogowicz（博主）、blogowanie（运行博客【名词】）、blogowy（与博客相关的【形容词】），McDonald's（麦当劳）— mcdonaldyzacja（麦当劳化）等。波兰公司或品牌名称采用英文形式的做法也逐渐成为一种时尚，例如家具制造商"Black Red White"（"黑红白"）、服装品牌"Reserved"（"芮瑟芙"）等，我们将在下一节具体讲解英语对现代波兰语的影响。除了英语以外，波兰语还包含了许多其他外来语的痕迹，例如dyskietka（软盘，源自法语disquette）、margarita（玛格丽特鸡尾酒，源自墨西哥西班牙语margarita）、tiramisu（提拉米苏，源自意大利语tiramisù）、tzatziki（酸奶黄瓜酱，源自希腊语τζατζίκι）、wasabi（芥末，源自日语わさび）等。

近些年来，妇女接受教育的人数大幅增加，越来越多的妇女参与社会活动，随之波兰语中大量出现和使用女性职业名词，成为当代波兰语的一个重要特征。然而，这种现象备受关注的同时也争议不断，影响着当代波兰语言研究领域的发展方向。在波兰语中，女性职业名词一般是通过在男性职业名词后添加 -ka、-ini 等后缀衍生而来的，例如，"学生"一词就是先出现了 student（男学生），再在其基础上演变出了 studentka（女学生），而前者还可以泛指学生，这一规律也可以运用在很多其他词汇上，例如 kucharz（男厨师）与 kucharka（女厨师）、ekonomista（男经济学家）与 ekonomistka（女经济学家）等。尽管可以通过这种形式创建相应的女性职业名词，但很大一部分的词汇都只能作为口语形式。在交际场合上，当涉及 profesor（教授）、dziekan（院长）、marszałek（议院长）等高级职称或头衔时，波兰人习惯使用男性职业名词称呼女性。例如，人们常常称呼女教授为 "pani profesor"（profesor 指的是男教授）而不是 "pani profesorka"，究其原因在于 profesorka 包含"中学教师"的意思，因而如果选择 "pani profesorka" 会有矮化对方的意味。类似地还有"主管"一词，代表男性的 kierownik 与其衍生词 kierowniczka 并不享有同等地位，后者同样具有弱化地位的倾向。但并非所有人都对所衍生出的女性职业名词表示反感，部分人对此趋之若鹜，认为这种用法能够突出女性地位。因此，就该问题波兰语言协会于 2019 年 11 月 25 日提出建议："关于是否使用女性化名称的权利应留给发言者。"[1] 随着人们越来越关注语言上的对等关

---

1 见 Stanowisko Rady Języka Polskiego przy Prezydium PAN w sprawie żeńskich form nazw zawodów i tytułów: https://rjp.pan.pl/?view=article&id=1861:stanowisko-rjp-w-sprawie-zenskich-form-nazw-zawodow-i-tytulow&catid=99 [访问日期：2023-06-27]

系，当前媒体报道中诸如politiczka（女政治家）、posłanka（女议员）等女性职业名词的使用也愈加普遍。

在语言发展历程中，新词和热词是时代变化的标识，可以将其看作是反映社会生活变化最简洁的记录仪。自2016年以来，PWN科学出版社（Wydawnictwo Naukowe PWN）每年都会发起年度青年词汇（Młodzieżowe Słowo Roku）投票活动，通过全民评选选出年度热词。2022年的年度最佳热词是essa，它用以表达轻松、愉悦的情绪，而由评审团选出的年度最有趣词汇是odklejka，它指"一种脱离现实的状态"。2023年的年度最佳热词是rel，它来自英语的relatable（可关联的），在语境中它传达的是积极的回应与认可，在此基础上甚至衍生了相应的动词relować。尽管每年热词的风格和特性未必一致，但它们都在一定程度上折射出波兰时下的流行趋势、公众情绪、关注热点等。与此同时，它们的诞生也源源不断地为波兰语的词汇体系注入生机和活力。

03 ▶ ▷
现代波兰语时期的英语外来词

　　起初，波兰语中的英语外来词寥寥无几，19 世纪初出版的第一本波兰语单语词典[1]也仅仅记录了17个具有主格功能的英语词汇。到20世纪60年代初，从英语中借入的词汇数量就增加至700个。到20 世纪 90 年代中期，数量已达到 1 600个左右。当前，英语外来词在波兰的政治、经济、文化和日常生活中随处可见，包括followowować（关注）、lajk（点赞）、tweetować（写推特）、powerbank（充电宝）、Brexit（英国脱欧）、body shaming（身材耻辱）、denimowy（牛仔布的）、dogsitter（狗保姆）、lockdown（封锁隔离）、fashionista（时尚达人）、oversize'owy（特大号的）、scrub（磨砂膏）、sponsor（赞助）、talk-show（脱口秀）等，人们对此也已是司空见惯。英语外来词的大量涌入是现代波兰语的重要特征之一，人们将这种现象称为"anglicyzm"。

　　英语对波兰语的渗透形式多样，其中包括完全借用，例如bye-bye

1　该词典由语言学家塞缪尔·博古米·林德编撰，并于1807—1814年在华沙出版。

（再见）、ok（好的）、sorry（抱歉）、rock（摇滚乐）等，它们均不改变原有的拼写和意义。此外，一些英语缩写形式也直接进入大众的视野，例如ASAP（as soon as possible，尽快）、FYI（for your information，供参考）等。

还有一种同样较为直接的方式是仿译，即不改变原来的结构和意象，按照字面意思对其进行直译，例如fast money — szybki pieniądz（快钱）、junk food — śmieciowe jedzenie（垃圾食品）、soap opera — opera mydlana（肥皂剧）、ground zero — strefa zero（原爆点）、fast food — szybkie jedzenie（快餐）等。除了词组以外，英语的一些俗语也通过仿译被借用到波兰语之中，例如nie ma co płakać nad rozlanym mlekiem直译是"为打翻的牛奶哭泣是没有用的"，实际上是引用了英语中的there is no use crying over spilt milk，意为"覆水难收，没有必要为已经发生的事情担忧"。又如，英语有a skeleton in the cupboard一说，直译为"橱柜里的骷髅"，实际上指"不愿被人知晓的秘密"，对此波兰语直接仿照为szkielet w szafie。还有一种是构词层面上的仿照（repliki słowotwórcze），例如nastolatek（青少年）是模仿英语teenager的结构，其中teen是数字十几的词尾，在波兰语中对应为naście，而age（年龄）相当于lata。

此外，有很大一部分的英语外来词在被借入波兰语的过程中，是按照波兰语的表达习惯进行融合的。其一是对进入波兰语的英语词汇稍作修改，以适应波兰语的发音规则，例如komputer（电脑，英语computer）、klik（点击，英语click）等；其二是由英语借词加波兰语词缀（formant）组成的新词，例如名词主要是通过-ista/-ysta、-izm/-yzm、-ika/yka、

-acja、-izacja/-yzacja 等后缀来更好地融入波兰词汇，如 golfista（高尔夫球手）、ekologizm（生态主义）、dolaryzacja（美元化）等；其三，波兰语还借用了英语的一些词缀，将其与波兰本土词汇连结形成具有特殊意义的复合词。我们在现代波兰语中可以找到具体实例，例如英语和波兰语的前缀 post- 都是"后"的意思，如 postkomunizm（后共产主义）、postlewica（后左翼）；e- 都主要代表"电子的"，组成 e-biznes（电子商务）、e-zabawa（电子游戏）等。

值得关注的是，在波兰语词汇后添加英语后缀 -ing 的形式开始成为一种潮流，例如 plażing 相当于"spędzanie czasu na plaży"（在海滩度假），kawing 相当于"picie kawy"（喝咖啡），但这些只是作为一种幽默表达，并非正式用语。需要区分的是波兰语中诸如 parking（停车场，英语 parking）、kemping（露营，英语 camping）、trening（训练，英语 training）等从英语借用的词汇，它们能够在波兰语词典中找到根据，并与前者情况不同，属于正式用语。

此外，借用语义也是英语在波兰语中进行渗透的重要途径，例如，英语 cloud 的原义是"云朵"，随着计算机产业的快速发展，计算机领域的工作者们开始用 cloud 来表达"网络资源的集合"这一概念。受到英语的影响，波兰语对应为"云朵"的 chmura 也引入了该新含义，并逐渐衍生出 chmura danych（数据云）、serwer w chmurze（云端服务器）等与之相关的搭配。

近年来，一种名为"Polglisz"（英语为 Poglish 或 Ponglish）的语言在具有波兰语和英语双语背景的人群（尤其是波侨）的口语交流中产生。顾名思义，这种语言是波兰语"język polski"（英语为 Polish）和英语

"język angielski"（英语为 English）的混合。它的其中一种具体表现是波兰语的英语化，相当于"英式波兰语"，例如：

表8-2　标准波兰语、英语与英式波兰语的示例对比

标准波兰语	英　语	英式波兰语
słuchać（听）	hear	hirać
tani（便宜的）	cheap	cipny
zdjęcia（照片）	picture	pikczery
autostrada（高速公路）	highway	hajłej
myjnia samochodowa（洗车场）	car wash	łoszkarnia
skrzynka z bezpiecznikami（保险丝盒）	fuse box	baksa z fiuzami

从上述例子我们可以看到，英式波兰语在语音上贴合英语的形式，并与标准波兰语有较大出入，但仍然遵循和保留标准波兰语的构词方式。

另外一种具体表现是英语的波兰化，例如波兰语中有"po ptakach"一说，直译为"已经在小鸟之后"，实际意思是"完蛋了""无法挽回了"，人们直接按照字面意思翻译为"It's after the birds"进行交流。

无论是英语外来词还是"Polglisz"现象，人们对英语传播所带来的影响褒贬不一。有人认为它冲击着波兰语的纯洁性，其泛滥会给波兰语带来一定的混乱。但总的来说，自1939年进入现代波兰语时期以来，英语的适度风行有利于提高波兰语与其他语言之间的统一性和通用性，从而

辅助交际活动，比方说波兰语中"全球化"一词为globalizacja，英语为globalization，德语为globalisierung，西班牙语为globalización等。与此同时，英语外来词的引入也能一定程度上促使波兰语的词汇体系迅速丰富和发展起来。

波兰方言与少数民族语言是波兰地域性文化的一部分，承载着所在地区的社会历史文化内容，具有多方面的文化研究意义。下一讲我们将带领大家探索它们的多姿魅力！

第九讲

▼

波兰的方言和
少数民族语言

　　波兰语中的方言与汉语的方言相比，数量较少，且各方言间的差异并不显著，其差异性主要体现在不同的区域，尤其是农村地区。波兰非常重视保护方言，认为方言是波兰文化、语言和民族遗产的重要组成部分，几个世纪以来，方言一直是民族认同感和区域归属感的重要体现。

01 ▶▷
波兰各地方言概况

从波兰最早的语言遗迹中可以发现，波兰方言的差异性早在国家建立之前就已经出现了。波兰语言史学家和方言学家们认为，这是由于在皮亚斯特王朝统一波兰之时，被并入波兰版图的各个较大部落就已经形成了各自的语言特征。波兰统一之后，随着国家行政区域和教会教区（诸侯王国、大主教区、主教区）的建立，各区域单位间除了通常存在的自然地理屏障之外，还形成了人为区划边界，限制了人们跨区域的交往和接触，由此造成统一后的波兰内部各地方言持久存在并各自持续发展的局面。随时间推移，每种方言都会产生发音的创新与演变，诞生一些新词汇，这些变化与各区域独特的物质与精神文化生活、人口结构以及人际交往的特殊性息息相关。各地方言中的创新词汇及其他特征在波兰全境的传播与接受，则受到该地区在国家生活中所处地位的影响，这一点在标准波兰语形成过程中可以明显看出。在不同的历史时期，各种方言在标准波兰语中所占的权重都有变化。波兰建立之初定都于格涅兹罗，宗教中心位于波兹南，这两个地区都是大波兰方言的使用区域，因此大波兰方言的特征与词汇大量渗透到波兰标准语中，迁都至克拉科夫后，小波兰方言开始占据主导地位，最终定都华沙时，马佐夫舍方言又对标准语产生了更大的影响。

波兰有四大地区性方言：大波兰方言、马佐夫舍方言、西里西亚方言（dialekt śląski）和小波兰方言，此外还有波兰东部的混合波兰方言，以及在波兰西部和北部地区的"新混合方言"。

1. 大波兰方言

大波兰方言是主要在大波兰省使用的一种地区性方言，与其他方言一样，大波兰方言有其独特的词汇和发音。该方言最典型的发音特点是保留了标准波兰语发音中的齿龈辅音，并没有像其他方言那样出现辅音浑浊不清的现象，我们在前面章节提过，这种现象会将齿龈辅音 sz, cz, ż, dż 发成舌齿音 s,c,z,dz，被称为"mazurzenie"。大波兰方言又有四个分支，分别为中部大波兰方言（gwara Wielkopolski środkowej）、南部大波兰方言（gwara Wielkopolski południowej）、西部大波兰方言（gwara Wielkopolski zachodniej）和北部大波兰方言（gwara Wielkopolski północnej）。波兹南方言是大波兰方言的最典型代表，例如土豆一词的波兹南方言是 pyry，而波兰语是 ziemniaki，差别相当明显。再如，"某人带着狗坐有轨电车"这句话，标准波兰语句子为：Ktoś jedzie tramwajem z psem.，而波兹南方言为：Ktoś jedzie bimbą z kejtrem.。

2. 马佐夫舍方言

马佐夫舍方言是使用地域最广的一种方言，不仅涵盖了马佐夫舍省，还流行于瓦尔米亚-马祖里省、波德拉谢省等波兰东北部和中部省份。其实际影响面甚至延伸到更远的地方，直至立陶宛和白俄罗斯边境地区，这与马佐夫舍人口不断外迁有关。马佐夫舍方言是四大方言中与波兰标准语区别最大的方言，其发音中存在前文提到的辅音浑浊不清现象。该方言中的库尔彼（Kurpie）地区方言最具特点，发音中缺少软化音i，标准语中读作kie、gie、li的，库尔彼方言读作ke、ge、ly。标准语第五格复数词尾-mi，马佐夫舍方言中都被读作-my，例如rękami—rękamy; takimi—takymy。该方言的另一个特点是常常在元音前面添加ł的发音，如okno在方言中读作：łokno, owca读作łowca。

3. 小波兰方言

小波兰方言的使用范围涵盖了波兰中部和东南部地区，包括克拉科夫、热舒夫、卢布林、凯尔采和罗兹等知名城市及其周边地区。小波兰方言也有很多分支，不同区域之间的小波兰方言存在较明显的差异，这与历史上的几次人口迁徙密切相关。例如原居住于马佐夫舍省的部分人口在历史上曾沿维斯瓦河向上游迁徙，直到桑河与维斯瓦河的交汇处定居。小波兰省行政边界的扩大也是造成差异性的重要原因之一。在小波兰省的东部（也是波兰的东部边境地区）有一条明显受到乌克兰语影响的小波兰东部方言带。在中世纪和文艺复兴时期，小波兰方言一度与大波兰方言一样成为当时波兰文学创作的主要方言，但后来其影响力逐渐减弱，文学语言地位也被马佐夫舍方言所取代。小波兰方言有几个非常明显的特征，例如字母"ą"和"ę"的发音带有浓重的鼻音；词尾"enka"会发成带有齿龈颤音的"ręka"；很多词汇的重音被放在第一个音节上，而呼格的重音则被放到最后一个音节上；此外，会经常在词尾添加语气助词"że"，例如weźże或

idźże。

4. 西里西亚方言

　　西里西亚（Śląsk）是中欧的一个历史地域名称，其地域范围涵盖了当前波兰的西南部领土和捷克、德国与波兰接壤的部分领土。西里西亚方言的使用范围包括波兰西南部的奥波莱省、卡托维兹省的部分地区和捷克共和国奥尔扎河沿岸的波兰方言区。西里西亚方言与大、小波兰方言有一些共同特点，都存在"马祖尔化现象"。西里西亚地区因其独特的地理位置和丰富的自然资源禀赋，历来是多国政权必争之地，几百年内多次易主，这无疑影响了西里西亚土著居民语言的发展，西里西亚方言中不难看到波兰语、德语、斯洛伐克语和摩拉维亚语的痕迹。历史上，西里西亚语有两个分支，分别为下西里西亚语（gwary dolnośląskie）和上西里西亚语（gwary górnośląskie）。前者是受斯拉夫语影响且具有明显日耳曼语特征的语言，后者是受日耳曼语影响但带有明显斯拉夫语特征的语言。但两种语言都带有独特的西里西亚语特征，包含很多其他语言中所没有的原始词汇。西里西亚地区在第二次世界大战之前曾经有大量德国人定居，又与捷克接壤，因而西里西亚语中存在大量德语和捷克语词汇。1945年以后，居住在西里西亚的日耳曼人都被逐出，该地区也禁止了德语的使用，随着讲下西里西亚语的原住民逐渐衰老、逝去，他们的后代已经完全融入德国社会，下西里西亚语如今已经是消亡的语言，而上西里西亚语就成为了唯一普遍使用的西里西亚方言。西里西亚民族语言最初只有一小部分人使用，而且只局限在家庭范围内，与其他少数民族语言类似，长期被看作是低级的语言，是未受过教育的农民使用的下等语言。直到20世纪末、21世纪初，这种歧视才得以改变。随着西里西亚族人口的不断增加，其语言的地位也得到了很大提升，尤其在波兰民主转型后，国内少数民族的民族意识在增强，西里西亚族领导人曾提出西里西亚语不属于波兰语方言范畴，而是一门独立的语言，但波兰官方并没有承认其少数民族语言地位。波兰学术界对西里西亚语是独立语言还是波兰语方言的问题一直存在着争论与分歧，曾多次组织会议讨论西里西亚语言的地位。

自1957年卡齐米日·尼特斯赫第一次提出波兰语方言的区域性划分以来，对方言划分问题的讨论一直持续至今。除了关于波兰方言不止五种的争论之外，学者们热议的方言问题还涉及二战后波兰西部和北部重新收复区域的方言界定问题（被称为"新混合方言"nowe dialekty mieszane）、边疆方言的存在问题、"波兰侨民方言"（dialekt polonijny）概念的合理性问题等。

（1）"新混合方言"的界定问题

第二次世界大战之后，根据雅尔塔协定，波兰收复了被德国占领的西部和北部领土，但原属于波兰的东部领土却被苏联并入了乌克兰，大批原定居在东部领土和小波兰省、马佐夫舍省等其他地区的波兰人迁徙到西部和北部地区定居，波兰西、北部领土上汇集了使用各地方言、甚至是各种不同语言的新移民。可以说，在这片土地上几乎没有一个村庄使用同一种方言，不存在所谓的主流方言，也根本无法按照地理区域的特点来界定方言类别。如何为这里的方言命名，曾经成为方言学界的一大难题。这一区域的方言既不存在明显的使用边界，也不符合已有方言学中"过渡方言"和"混合方言"的所指，更不能将其视为一门民族语言，因为它不符合"抽象的、社会的、持久的在某一特定人群中广泛使用，并有一套语言规范系统"[1]的定义。因此有学者提出了"新混合方言"的概念。

（2）"边疆方言"存在性问题

"边疆波兰语"（polszczyzna kresowa）一词以及经常与之交替使用的"边疆方言"（dialekty kresowe）、"边疆土话"（gwary kresowe）等叫法，长期以来一直存在于语言学文献中，并没有引起过多的质疑和讨论。"尽管人们也意识到民族方言和边疆方言在起源和功能上存在着差异性，但并不觉得有必要对边疆方言这个词进行特殊的定义，也并未考虑它是否应该属于方言的定义范围。"

德伊纳提出，将生活在这片土地上的各少数民族居民的语言界定为方言是不精准的，他注意到其语言在起源、结构和功能上的混杂性[2]。边疆地区波兰语的成因比较复杂，一方面出自立陶宛民族和鲁塞尼亚民族生活的土地被并入波兰所带来的影响，另一方面是从14世纪开始的波兰东扩移民和多民族间相互融合同化的结果。正如语言学家库绍娃所说，"植根于边疆地区的波兰语呈现出一种非常特殊的形态，在语法和词汇系统中纳入了许多俄语特征和部分立陶宛语的特征；由于被当地上流社会所使用，在许多情况下表现出一种模仿波兰标准语的倾向。（……）尽管其力图与标准语的规范更接近或相协调，但从不追求与标准语的一致性，而是保留了自己的语言独特性"。[3]

（3）"波兰侨民方言"概念的合理性问题

语言学家，华沙大学的斯坦尼斯瓦夫·卡罗尔·杜比什（Stanisław

---

1 Dejna K., O polskich dialektach kresowych, „Język Polski", 1984, s. 55.
2 同上
3 Kurzowa Z., O polskich dialektach kresowych, „Język Polski", 1985, s. 101.

Karol Dubisz）教授于1997年曾提出"波兰侨民方言"这一概念，他注意到生活在国外的波兰侨民的语言实际上自成一体，是一种在国外的新居住环境中，与混居的各族群语言碰撞中，为了达到交际目的而实现的语言和词汇系统的变体。

奥波莱大学的斯坦尼斯瓦夫·加伊达（Stanisław Gajda）教授对此提出了质疑，他认为根据目前对方言的界定范畴，用"方言"一词来命名生活在国外侨民所使用的语言并不合适。从侨民语言的成因、结构体系到交际功能等方面考虑，将其界定为"民族语言的社交变体""侨民波兰语""波兰移民的口语化波兰语"似乎更为恰当。

02

卡舒比语与波兰语

卡舒比语是生活在波兰北部卡舒比地区的原住民所使用的语言，属于西斯拉夫语支，是原始斯拉夫语在波美拉尼亚地区的唯一遗存语言。

1. 卡舒比语的历史沿革

卡舒比人是波美拉尼亚地区的西斯拉夫人部落中的一支，已存在了上千年，因历史上屡遭异族统治，居住区域逐渐缩小。二战爆发后，纳粹德国占领了卡舒比地区，卡舒比人也遭受了灭顶之灾，几乎整个精英阶层被屠杀殆尽。二战后，重新划定了以奥得河-尼斯河为界的波德两国边境，波兰收回了整个卡舒比地区，为数不多的卡舒比人得以回归自己的故土。卡舒比人虽命运坎坷多舛，但他们以古希腊神话传说中的狮鹫兽格里芬为图腾，秉持格里芬的精神，始终不屈不挠地进行抗争，对本民族的语言和文化也尤为珍视，坚守传承着民族传统。在波兰最新的行政区划下，卡舒比地区隶属于滨海省（Województwo Pomorskie），目前卡舒比人的数量估计约有50万。

卡舒比语内部的差异性很大，从语言特征上可以分为三个方言分支：北部、中部和南部卡舒比语。卡舒比语的复杂性与其地理位置有着密切的关系，其影响范围在南部和东部，与波兰的其他方言区域相邻，语言边界并不清晰，这种与波兰语其他方言相互渗透的局面加剧了卡舒比语不同区域间的差异性。卡舒比语使用区位于斯拉夫语言圈的西北边缘，到二战结束之前，一直夹在斯拉夫语与日耳曼语影响范围的交界处，同时受到德语和波兰语的深刻影响。自16世纪以来，波兰语成为卡舒比人的书面用语，成为实现精神文化层面（包括宗教、教育等领域）交流的主要语言。因卡舒比语内部的巨大差异性和语法体系及词汇的复杂性，一般的波兰语使用者基本无法理解卡舒比语，甚至操不同区域卡舒比方言的卡舒比人之间进行交流都存在障碍。因此自19世纪以来，语言学家们就开始致力于创建一个卡舒比语的标准规范，以求统一其拼写与语法体系。直到1945年，卡舒比语都没有形成统一的书写标准，虽也有一些用卡舒比语写成的作品问世，但都是作家用各自区域的卡舒比方言文字书写的。在卡舒比人的生活中，卡舒比语通常用于日常的口语交流，而涉及教会、学校、媒体等范畴的书面用语还是使用波兰语。两种语言在功能上形成了互补关系。在波美拉尼亚地区的历史上，除了上述两种语言之外，还曾使用过高地德语（język wysokoniemiecki，标准德语）和低地德语（język dolnoniemiecki，德语的一种方言）。从波兰被瓜分时期一直到第一次世界大战结束，标准德语都是这里的官方语言和学校的教学语言；而使用低地德语的主要是曾长期生活在波美拉尼亚德占区的老一代的卡舒比人。二战结束后，根据雅尔塔协议，波兰的国家边界整体西移，生活在波美拉尼亚的德语人口被迫向西迁徙，卡舒比语言区与德语区不再相邻，卡舒比语受德语的影响随之逐渐减弱。

　　近几十年来，随着卡舒比人复兴民族传统，逐渐形成了"语言-民族共同体"意识，卡舒比语的境况发生了不小的变化。卡舒比的知识分子阶层成立了滨海省卡舒比协会，以图创建卡舒比语的标准规范，统一其书写规则与词汇，卡舒比语的词汇由此得到了极大丰富。他们组织出版了《卡舒比语-波兰语的双语小词典》(*Słowniczek polsko-kaszubski*)和《波兰语-卡舒比语大词典》(*Wielki słownik polsko-kaszubski*)。得益于此，卡舒比语文学得到了长足发展，当地出现了卡舒比语报刊与杂志，卡舒比语版本的《圣经》和《布道书》也被翻译出版。

　　目前在波兰约有400所学校开设了卡舒比语教学课程，16 000名左右的学生（2012—2013年的统计数据）在学习这门语言。从2005年开始，卡舒比语成为波兰高考可选择的考试语言之一。用卡舒比语撰写的书籍和杂志陆续出版，卡舒比语在地方电台、电视等媒体上被推广使用，教堂祷告礼仪等用语也出现了卡舒比语版本。

　　卡舒比语也被引入了高等教育，多所大学开设了相关课程。格但斯克大学的波兰语言学院自2009年起在波兰语言学专业下开设了卡舒比语言文学（Kaszubistyka）这个新的培养方向。罗兹人文和经济学院（Akademia Humanistyczno-Ekonomiczna w Łodzi）的英语和德语研究专业也下设了卡舒比语言文学方向。在大学开设这门地区性语言课程迎合了《欧洲区域语言和少数民族语言宪章》(Europejska karta języków regionalnych lub mniejszościowych)波语中的第8条，即关于保护区域和少数民族语言的规定，该规定要求提供"从学前教育到高等教育的每个教育阶段均可以学习区域语言"的可能性。自2014年以来，格但斯克大学开设了一门独立的专业：卡舒比民族语言学，专门致力于卡舒比文化的教育与研究。

尽管卡舒比人非常重视自己的语言，也为其统一和传承做着不懈的努力，但也出现了一种放弃本族语言，更多使用波兰语的趋势。很多家长因为担心影响孩子未来的学业，放弃在家庭中与孩子使用卡舒比语交谈。卡舒比语作为一门独立的语言，还处于初创阶段，在社会中的应用与推广都需要一定的政策激励和保护，虽然在滨海省已经明确了卡舒比语作为第二官方语言的地位，但其影响力和竞争力相较于第一官方语言波兰语不可同日而语。

2. 关于卡舒比语语言地位的争论

一百多年来，在波兰对于卡舒比语的性质界定问题上一直存在着争议。起初，更多人将其视为波兰语的一种方言，其作为一种独立语言存在的观点在19世纪才开始出现，理由是卡舒比语作为滨海省方言群的原始母语，具有足以构成一门独立语言的鲜明特征。这两种观点在不同的历史时期均各自占过上风，除了语言学特征的因素之外，使用者的文化传承和民族独特性意识也对两种观点的影响力产生着重要影响。此外，不同的语言学家对方言与独立语言的划分标准也不尽相同，各有能够自圆其说的依据，因此争论在所难免。

在20世纪，波兰语言学界的主流观点认为卡舒比语是属于波兰语的一种方言。而当前在专业语言学论著中，卡舒比语通常被当作一种区别于波兰语的独立语言。尤其是在关于语音学的论文中更为明显，当提到斯拉夫语的腭化现象时，会将俄语、斯洛伐克语、波兰语和卡舒比语列举来，可见卡舒比语和波兰语处于同等地位。

当代许多论及语言特征的著作都将卡舒比语作为单独语言加以阐述，但有时也会保留某些学者的观点，例如《欧洲语言百科全书》（*Encyclopedia of the languages of Europe*）中就将卡舒比语作为波兰的一门方言来介绍，而《斯拉夫语言》（*The Slavic languages*）一书中，卡舒比语的地位被描述为介于独立语言和波兰方言之间的某种存在，有单独的章节进行介绍。

卡舒比语和波兰语的关系有时被类比为20世纪白俄罗斯语与俄语，或者低地德语与标准德语的关系。也有学者提出，卡舒比语曾经是一门独立的语言，但在其发展过程中受到了波兰语的强烈影响而日趋同化，从未来发展的角度来看，它越来越应该被视为波兰语的一种方言。两种语言在接触中发生着强烈的变化，以致于无法用传统的基因分类法进行划分。在波兰语言学家中，尽管卡舒比语作为一种独立语言的观点越来越受欢迎，但争议一直持续至今。

目前，官方通常采取一种模棱两可的中间立场，尽量避免将其称为"语言""方言"或"民族语言"，而是根据波兰2005年1月6日颁布的《关于少数民族、族群以及地区语言的法案》（Ustawa o mniejszościach narodowych i etnicznych oraz o języku regionalnym）规定，将其定义为地区性语言（język regionalny）。根据这项法律，卡舒比语在滨海省成为除了波兰语之外的，可以在市政当局使用的辅助官方语言。2003年，根据国际标准化组织的ISO 639-2标准，卡舒比语获得了三个字母的国际编码CSB。成立于2006年8月26日的卡舒比语委员会（Rada Języka Kaszubskiego）负责卡舒比语言的规范、传播与推广，该机构的成立是波兰实施保护卡舒比语言发展战略以来的一项重要举措。2015年6月，波兰议会审议通过了《关于修改部分少数民族、族群以及地区语言的法案》（Ustawa o zmianie ustawy o mniejszościach narodowych i etnicznych oraz o języku regionalnym）。根据该议案，卡舒比语将被赋予地区性语言的权利，并计划允许在市、县两级政府部门使用，然而该法案被安杰伊-杜达总统于2015年10月27日否决，至今没有生效。

03

少数民族语言

　　历史上的波兰曾是个多民族共存的大国，被瓜分之前，少数民族曾占波兰总人口的40%，这一比例直到第二次世界大战前也未发生太大变化。二战造成了大量少数民族人口从波兰迁出，当今波兰的少数民族仅占总人口的3%左右，在欧洲是少数民族占比最低的国家之一。2005年1月6日颁布的《关于少数民族、族群以及地区语言的法案》中明确列举了认定少数民族的六条标准，首先，该民族公民属于波兰少数的团体，并渴望保持自己的文化、传统、语言、民族或族裔自我意识；其次还规定了该民族拥有至少在波兰境内生活100年以上的历史。该法案中列举了以下少数民族（按照波文首字母顺序排序）：白俄罗斯族、捷克族、立陶宛族、德意志族、亚美尼亚族、俄罗斯族、斯洛伐克族、乌克兰族、犹太族；少数民族族群则包括卡拉伊姆族、兰科族、罗姆族和鞑靼族。波兰官方承认的少数民族语言有白俄罗斯语、捷克语、希伯来语、意第绪语、立陶宛语、亚美尼亚语、德语、罗姆语、俄语、斯洛伐克语、乌克兰语、卡拉伊姆语、兰科语和鞑靼语。

下文将对其中的几种少数民族语言的使用情况做简单介绍。

1. 白俄罗斯语（białoruski）

白俄罗斯语属于东斯拉夫语支，脱胎于古罗斯语。在书写上，白俄罗斯语使用西里尔字母，虽然从古至今有一些学者试图用拉丁字母书写白俄罗斯语，但都没有成功。白俄罗斯少数民族主要居住在波德拉谢省（Województwo podlaskie）的东南部地区。根据2002年的人口普查数据，白俄罗斯少数民族人口为4.8万，在2011年的人口普查中，有4.4万人认同波兰公民身份，2.6万人以白俄罗斯语为家庭内部的交流语言。在波德拉谢省的许多教育机构中开设了白俄罗斯语选修课，该省的五个县还将白俄罗斯语作为辅助的官方语言，其中奥尔拉（Orla）市的全部地名路牌都采用了波–白双语标识。白俄罗斯少数民族通常使用双语交流，年轻人则更倾向于使用波兰语。近年来得益于"白塔"白俄罗斯文学学会（Białoruskie Stowarzyszenie Literackie „Białowieża"）等多个文化组织的积极活动，出现了"复兴白俄罗斯语"的热潮，白俄罗斯文语学也呈现出繁荣景象，他们发行了以 Niwa 周刊为代表的多种波–白双语期刊，还组织了"白俄罗斯歌曲节"等文化节庆活动。

2. 捷克语（czeski）

16世纪中叶，因为波西米亚兄弟会的宗教迫害，一批捷克异教徒被迫移民到波兰，这是捷克人向波兰的第一次大规模移民。之后在17世纪上半叶、18世纪下半叶和19世纪初都出现过捷克人涌入波兰的移民潮，捷克少数民族的传统聚集地在罗兹省的泽卢夫（Zelów）附近，这与罗兹省的纺织业发展有关。根据2011年人口普查的结果，捷克少数民族在波兰的人口有2 833人，包括西里西亚省的580人、马佐夫舍省的453人以及下西里西亚省的396人。

3. 希伯来语和意第绪语（jidysz）

早在10世纪就有犹太人在波兰生活，13世纪波兰颁布的《卡利什法规》(*Statut kaliski*)是第一份赋予犹太人特权和自治权的官方文件。直到二战之前，波兰对犹太人的政策都比较宽松，在西欧不断排犹的背景下，大量犹太人涌入波兰，数量曾一度占到波兰人口的10%左右，波兰也一度成为欧洲犹太人最多的国家。但犹太人在波兰的舒适生活被第二次世界大战的纳粹种族灭绝政策打破，二战前生活在波兰的350万犹太人中只有约30万人在战争中幸存下来。在波兰人民共和国时期，大多数犹太人在几次移民潮中陆续离开了波兰。根据2011年的人口普查，生活在波兰的犹太人仅有7 353名。他们分散居住，主要生活在大城市。1989年波兰转轨之后，犹太人的文化生活得以复苏，建立了新的民族社团组织。犹太人信仰自己的宗教，"波兰犹太宗教团体联盟"（Związek Gmin Wyznaniowych Żydowskich w Rzeczypospolitej Polskiej）在犹太少数民族的生活中发挥着重要作用。

希伯来语是犹太民族的宗教语言，属于亚非语系（afroazjatycka rodzina językowa，又称闪含语系）闪米特语族（grupa języków semickich）的一个分支。"希伯来"意为"渡河而来"。希伯来语没有元音字母，只有22个辅音字母，其文字从右往左书写。希伯来语是一种非常古老的语言，过去的2 500年，希伯来语只是在祈祷等宗教仪式和记录宗教文本时使用的语言。在日常生活中，犹太人说其他语言，首先是阿拉米语（język aramejski），其次是意第绪语（或称为"依地语"）、拉迪诺语（język ladino）和定居国家的语言。自20世纪，特别是以色列复国以来，"希伯来语"作为口语在犹太人中重新复活，渐渐取代阿拉伯语、犹太西班牙语和意第绪语，以色列建国后将希伯来语定为官方语言之一，成为犹太人使用的国际交流语，散居在世界各地的犹太人也开始使用这种语言。在波兰，直到第二次世界大战，对大多数犹太社区来说，希伯来语主要是作为宗教礼仪用语。日常语言通常是意第绪语或波兰语。但犹太复国主义者们将希伯来语作为母语看待，尤其在犹太复国主义组织中的年轻人热衷于学习希伯来语。如今在波兰，犹太社区和犹太少数民族社会文化组织都开设了希伯来语教学课程，在华沙和弗罗茨瓦夫的许多中小学里，希伯来语也作为犹太少数民族语言被教授。

意第绪语是一种日耳曼语，属于西日耳曼语支，源自中古德语，使用人数约有三百万，大多为犹太人。意第绪语起源于1000年左右，是居住在莱茵河畔阿尔萨斯和科隆之间地区的阿什肯纳兹犹太人（Żydzi aszkenazyjscy）的语言。该语言的基础是德语方言，并加入了希伯来–阿拉姆语和斯拉夫语元素。传统上，意第绪语被分为西方意第绪语（主要在德国和法国使用）和东方意第绪语（存在于东欧国家）。传统上的意第绪语使用的文字是希伯来字母，但现代写作也有使用拉丁字母的情况。意第绪语目前在美国、以色列和欧洲的部分地区使用，往往仅限于进行家庭内部交流，尽管最近人们对意第绪语的兴趣有所恢复，但讲意第绪语的人数正在逐步下降。在波兰，双月刊《犹太语》（《Dos Yiddish Wort-Słowo Żydowskie》）是波兰语–意第绪语双语刊物，四分之三的发行量集中在国外，只有四分之一在波兰国内销售。华沙埃斯特-雷切尔和伊达-卡明斯基犹太剧院-意第绪语文化中心（Teatr Żydowski im. Estery Rachel i Idy Kamińskich w Warszawie – Centrum Kultury Jidysz）在保护、传承意第绪文化和语言方面发挥着积极作用。

4. 罗姆语（romski）

罗姆语是罗姆人（又称吉卜赛人）的语言，属印欧语系印度-雅利安语支。罗姆语源于作为古代、中世纪和近代印度的文学语言的梵语，与现代印度北部的语言相近，和旁遮普语（język pendżabski）相似度最高。罗姆语形成于11世纪左右，是罗姆人从中亚向西方陆续移民的产物。现在的罗姆语存在不同的方言，各方言之间差异性较大，缺乏统一的、普遍认可的标准罗姆语规范，但所有方言的共同点在于都使用拉丁字母。罗姆人居无定所，亦没有国家以罗姆语作为官方语言。散布在世界各地的近500万罗姆人同时使用罗姆语及所在国家的官方语言。

罗姆语自2005年被波兰列为少数族群语言。根据2011年的人口普查，承认自己为罗姆族出身的波兰公民有16 725人。大部分人同时使用罗姆语和波兰语进行交流。在波兰历史上最早记载有关罗姆人信息的文献出现在1401年的克拉科夫。从15世纪开始，成群结队的流浪罗姆人或沿喀尔巴阡山脉行进，或经匈牙利低地迁徙，来到波兰定居，他们的后裔被称为喀尔巴阡山脉罗姆人。从16世纪开始从德国来到波兰的罗姆人后来被称为波兰罗姆人。绝大多数罗姆人历史上都过着游牧生活。第二次世界大战期间，罗姆人也成为德国纳粹迫害的对象，大约有50万名居住在欧洲的罗姆人在二战中惨遭杀害。二战后，人民波兰时期的政府对罗姆人实行了强制定居的政策，划定波兰东南部地区以及华沙、波兹南、弗罗茨瓦夫、罗兹、克拉科夫等几个大城市为罗姆人的定居区域，罗姆人不得不放弃了游牧生活方式，但仍然保持着传统的生活习惯，更愿意与本族人聚居在一起。绝大多数波兰罗姆人信仰罗马天主教。

5. 兰科语（łemkowski）

兰科少数族裔属于波兰四个少数民族族裔之一。他们有着自己的语言——兰科语。兰科人属于东斯拉夫人，被认为是鲁塞尼亚人或是乌克兰人的一支。历史上兰科人居住在波兰东南部的喀尔巴阡山脉边境附近的莱姆维希尼亚（Łemkowszczyzna）[1]，在20世纪初，大约有8万兰科人居住在喀尔巴阡山脉的波兰一侧，到第二次世界大战之前，这个数字估计达到10—15万之多。1946—1947年间，当局对兰科人进行了第一次重新安置，约60%的兰科人离开莱姆维希尼亚，迁移到乌克兰。1945—1947年的"维斯瓦河行动"[2]，再次将兰科人安置到波兰西部和北部地区，目前只有一小部分兰科人依然居住在莱姆维希尼亚。还有一部分兰科人在19世纪末20世纪初移民到了美国和加拿大。在2011年人口普查中，承认自己为兰科族的波兰公民有9 641人，有一小部分兰科人认为自己同时也属于乌克

---

1 Łemkowszczyzna是波兰南部的一个民族志学地区，意思为兰科人居住的地区。这片土地从波普拉德河（Poprad）经过波兰－斯洛伐克边界，沿喀尔巴阡山脉的北侧绵延约140公里，宽25—50公里。
2 维斯瓦河行动是1947年波兰把境内东南部乌克兰人、博伊科人（Bojkowie）、兰科人强制迁徙至"收复的领土"行动的代号。该行动由受苏联支持的波兰政权执行，其目的为消除当地人对乌克兰反抗军的物质支持。1947年前，乌克兰反抗军一直在喀尔巴阡山和卢布林省进行游击战活动，期间波兰裔苏联红军将领卡罗尔·希维尔切夫斯基（Karol Świerczewski）被反抗军击毙。希维尔切夫斯基之死成为接下来波兰展开维斯瓦河行动的借口。而维斯瓦河行动实际上消除了当地的敌对行为。从1947年4月28日起的3个月内，在苏联的许可和帮助下，当地141 000人被强制迁移到了德国前东部领土。一些波兰和乌克兰政治家将此次行动视作"种族清洗"。

兰民族。在宗教信仰方面，绝大多数兰科人归属波兰独立东正教会和拜占庭－乌克兰礼仪的天主教会。

兰科语属于东斯拉夫语支，具有明显的边界语言特征，掺杂着众多西斯拉夫语和东斯拉夫语的元素，并受到匈牙利语、罗马尼亚语的影响。按照目前的分类，通常将其归类为乌克兰语或鲁塞尼亚语。在波兰，兰科语被认定为一种独立的语言。

描述兰科语言特点的文字最早出现在16世纪，第一个宣称兰科语言独特性的宣言发表于1871年。从1911年起，开始出现兰科语期刊和书籍。兰科语的拼写以东斯拉夫语言所使用的西里尔字母为基础，辅以少量特殊的字母。现代兰科语言的规范及语法体系在2000年得以系统化。在波兰，1934—1938年间在莱姆维希尼亚的中小学开设有兰科语言课程，二战及战后课程被中断，直到1991年兰科语作为兰科少数民族的母语，被列入中小学课程体系里的选修语言课。

方言作为一个地区历史文化、民俗民风的重要见证，波兰对其采取保护与传承并重的态度，并努力平衡好方言与标准语之间的天平。除了向内挖掘以外，波兰语还走在向外推广、走向世界的道路上，在下一讲中，我们将会聚焦语言政策、文化机构、波兰语在中国的推广与教学的角度进行介绍。

第十讲

▼

走向世界的波兰语

01 ▶▷
波兰的语言政策

  语言作为一个国家文化的核心组成部分，承载着民族的集体记忆，是一个民族的身份象征。语言政策是指国家、地区或组织制定和实施的关于语言使用、保护、推广和规范的一系列措施和政策。不同时期的语言政策能够反映不同历史背景下人民对于语言和民族的态度与认知。对于语言政策的研究不仅能让我们窥见语言发展的历程，更能让我们从过去获得启示，更好地传承与保护语言。

  立国之初的波兰和其他欧洲国家一样，在宗教、教育、文学等领域主要使用拉丁语，而波兰语只是受教育程度较低的底层人民所广泛使用的语言，难登大雅之堂。这一时期，波兰语的地位本就低下，更不用说制定保护波兰语的政策。

  波兰的第一部语言政策出现在1440年，是由当时克拉科夫学院教授及校长雅库布·帕尔科绍维茨提出的，他将那些关心保护语言及其纯洁性的人比作保卫国家边境的骑士。在随后的语言政策中，学者们开始关注波兰语中的外来词问题。外语对波兰语影响的日益扩大让语言学家们感到担忧。早在16世纪中期，文艺复兴代表作家乌卡什·戈尔尼奇就反对当时盛行的波西米亚语，主张创造基于波兰语的新词予以代替并复兴波兰语旧词。之后，我们也能从格热戈日·克纳皮尤什[1]（Grzegorz Knapiusz）身上看到类似的对待拉丁语的态度。18世纪著名的学者扬·希尼亚德茨基[2]（Jan Śniadecki）指出，使用外来词语来丰富本国语言的行为会导致本国语言快速走上消亡的道路。

1918年，波兰重获独立。在长达123年的分裂与割据中，波兰语一直发挥着凝聚民心、传承文化的重要作用。对于这个浴血重生的新兴国家来说，统一波兰语的使用，去除德、俄等占领国语言对波兰语的侵蚀无疑是首要任务。为推广波兰当代文学，斯特凡·热罗姆斯基提出了建立波兰文学学院的计划，他的提议直到15年后才得以实现。1933年9月29日，波兰共和国总理颁布法令，波兰文学学院得以成立。学院作为波兰语言、文学和文化事务最高意见机构，成为两次世界大战期间最重要的文化生活单位之一。此外，1924年，众议院通过法案，承认波兰语为波兰的官方语言。但与20世纪前的语言政策有所不同的是，新生的波兰政府强调了各少数民族有使用自己语言的权利。据调查显示，1918—1939年期间，波兰

1　格热戈日·克纳皮尤什，波兰16—17世纪著名的词典编纂者、语言学家、诗人和剧作家。克纳皮尤什精通希腊语与拉丁语，并成功编纂了波兰第一部非典型多语言词典《波兰语－拉丁语－希腊语词典》（*Thesaurus Polonolatinograecus seu Promptuarium linguae Latinae et Graecae Polonorum in tres Tomos diuisum Polonorum*）。克纳皮尤什编纂该词典的主要目的是创造一部用于翻译的拉丁语词汇汇编，并努力为保护波兰语纯洁性而奋斗。为了减少拉丁语的影响，克纳皮尤什将拉丁语词条与波兰语词条一一对应（甚至有些波兰语词汇是由作者本人创作的）或者是忽略缺少对应的拉丁语词汇。
2　扬·希尼亚德茨基，波兰18—19世纪著名的数学家、天文学家、地理学家、哲学家、教育家。希尼亚德茨基曾应国家教育委员会的邀请在皇家高等学院（Wyższa Szkoła Koronna，今雅盖隆大学）教授数学与天文学，组织参与了大学的改革。此外，为推动波兰科学界的发展，希尼亚德茨基创造了波兰语的数学术语。

族人只占全国总人口的70%，波兰领土上还居住着大量乌克兰、犹太、白俄罗斯、德意志等少数民族。波兰政府对这些少数民族使用自己语言的权利予以充分尊重。

　　总的来说，20世纪的绝大多数学者们将重点放在对波兰语纯洁性的保护上，追求标准的波兰语，但他们总体上还是持乐观态度，并不认为波兰语会被另一种语言取代。

　　二战后，波兰的语言政策可以分为两个阶段。第一个阶段是1945—1970年，语言政策还是偏向传统与保守，即追求正确的标准波兰语，致力于消除语言上的地域差别（regionalizm）。1945年，波兰政府通过法令确立波兰语成为波兰唯一的官方用语。这一法令的制定与二战后波兰国情的变动息息相关。据1950年的人口普查数据显示，居住在境内的波兰人约有2 500万，而少数民族人口仅有约50万，波兰从真正意义上成为了一个单民族国家。而在第二阶段，即自1971年始，语言政策有所松动，政策的中心也从对标准波兰语的追求转移到了对语言本身的观察与研究上。第一个阶段的语言政策主要致力于消除德语对波兰语的影响。尽管当时的波兰语在词汇、句法上也存在着不少受俄语影响的痕迹，但出于政治原因，"去俄化"的倾向并没有如此强烈。而在第二个阶段，随着英语的影响力与日俱增，引发了不少语言学家的担忧，甚至有学者怀疑，面对英语强大的冲击力，近百年后，波兰语将会不复存在。

　　在诸如此类的论调下，波兰语言协会应运而生。成立于1996年的波兰语言协会是波兰官方的语言管理机构，旨在为波兰母语者提供语言使用的建议。波兰语言协会首先促成了《波兰语法案》的通过。1999年10月7日颁布的《波兰语法案》是当代波兰语言政策历史上的一个极为重要的事件。

该法案就语言的保护、使用场景进行了规范。法案指出波兰语是民族身份构建的基础，是宝贵的文化财富；强调了在全球化背景下保护波兰语的重要性，保护波兰语应成为各机构和每个波兰公民的义务。此外，法案还明确规定了波兰语是波兰的官方语言，在法律、贸易、教育等众多公共生活领域需使用波兰语。尤其在涉及商品和服务时，如果缺乏波兰语版本的说明信息、发票、账单、收据等，公司将会被处以罚款。同时，该法案也规定了波兰语言协会的职责范围，要求该协会至少每两年向议会提交一次波兰语保护现状的相关报告[1]。之后，该法案曾多次修改与完善。值得一提的是，法案在2003年引入了波兰语水平认证条例[2]。在该条例出台前，欧洲只有英语、德语、俄语、法语、意大利语有类似的语言考试和认证证书。此举无疑反映出波兰人对于自己民族语言的珍视以及推动波兰语走向世界的决心。

2004年，波兰正式加入欧盟。由于欧盟一直认为语言是文化遗产的重要组成部分，并强调对地区性语言与少数民族语言的保护，这在一定程度上也影响了波兰语言政策的制定。欧盟先后出台了不少有关地区性语言和少数民族语言保护的决议，组织建立了欧洲少数语言局[3]（European Bureau for Lesser-Used Languages）、墨卡托欧洲多语

1　Kancelaria Sejmu. USTAWA z dnia 7 października 1999 r. o języku polskim.（1999-11-08）[2023-06-27]. https://isap.sejm.gov.pl/isap.nsf/download.xsp/WDU19990900999/U/D19990999Lj.pdf

2　Kancelaria Sejmu. USTAWA z dnia 11 kwietnia 2003 r. o zmianie ustawy o języku polskim.（2003-04-11）[2023-06-27]. https://isap.sejm.gov.pl/isap.nsf/download.xsp/WDU20030730661/T/D20030661L.pdf

3　欧洲少数语言局（EBLUL）是一个成立于1982年的非政府组织，致力于推广语言与促进语言的多样性，该组织于2010年停止运营，后在其基础上成立了类似的新组织——欧洲语言平等网络（The European Language Equality Network）。

种和语言学习的研究中心[1]（Mercator European Research Centre on Multilingualism and Language Learning）等保护推广机构。2005年的《关于少数民族、族群以及地区语言的法案》（Ustawa o mniejszoś ciach narodowych i etnicznych oraz o języku regionalnym）分别列举了波兰境内现存的两类少数民族，第一类为国家型少数民族（mniejszość narodowa），包括白俄罗斯裔、捷克裔、立陶宛裔、德裔、亚美尼亚裔、俄裔、斯洛伐克裔、乌克兰裔和犹太裔等；第二类为民族型少数民族（mniejszość etniczna），有卡拉伊姆族、兰科族、罗姆族和鞑靼族等。根据该法案，这些群体的祖先必须在波兰生活超过100年才能被称为波兰的少数民族。其次，法案援引《欧洲地区性或少数民族语言宪章》（Europejska karta języków regionalnych lub mniejszościowych）对地区性语言的定义，确定了波兰的地区性语言为卡舒比语。此外，法案反复强调各民族一律平等的原则，坚决反对以任何形式歧视少数民族，保障少数民族的街道命名权、母语教育权等各项权利，以及提倡保护与推广少数民族的语言文化。该法案也被翻译成多种民族语言。

欧盟一贯尊重语言和文化的多样性，欧盟各机构在工作中也坚持使用多种语言。受欧盟多语倾向的影响，波兰的语言政策中也表现出越来越多的双语性。例如，2009年波兰语言协会通过决议，确认合同等官方文件均可采用英波双语书写。教育领域中的双语倾向也愈发明显。例如，论文的发表要求附上英文的关键词与摘要；许多高校官网上的通知也都采用英波双语等。可见，21世纪的语言学家们对待英语的态度发生了根本性的转

1　墨卡托欧洲多语种和语言学习的研究中心创建于1987年，其研究范围主要是欧洲的地区语言与少数民族语言，同时其工作也会涉及移民语言等选题。

变。在全球化的背景下，各国之间的联系更加紧密，经济、文化、科技等领域的交流日益频繁，高校中国际交流项目和联合培养项目与日俱增。而英语作为当下使用最为广泛的国际语言，其影响力势不可挡。语言学家们也与时俱进，不再把英语视为威胁，转而认为英语对波兰语的影响是波兰语更加全球化的表现。

02 ▶▷
向世界推广波兰语及波兰文化的机构

在日益激烈的全球竞争中，文化软实力发挥着越来越重要的作用，它不仅与传统的硬实力相辅相成，而且与一个国家的全球话语权和世界影响力息息相关。在全球化的背景下，各国政府都意识到了提升文化软实力的重要性，波兰政府也不例外。为了在国际上更好地塑造波兰形象，波兰政府从推广语言与文化入手，成立了不少面向国际的文化组织与机构。下文将选取部分有代表性的文化机构向读者进行简要介绍。

1. 亚当·密茨凯维奇学院（Instytut Adama Mickiewicza）

亚当·密茨凯维奇学院是由波兰文化和国家遗产部（Ministerstwo Kultury i Dziedzictwa Narodowego）于2000年组织成立的政府文化机构，其使命是通过组织和参与国际文化交流活动，弘扬波兰民族优秀文化。自成立以来，亚当·密茨凯维奇学院在五大洲的70多个国家成功举办了

6 000余场的文化活动，吸引近5 500万人参加[1]。借助该学院提供的良好平台，波兰艺术家们得以参与全球各国举办的文化交流项目，积累来自不同文化背景与价值体系的宝贵经验。

除了大力开展实地文化活动以外，亚当·密茨凯维奇学院还十分注重其主办的门户网站"Culture.pl"的建设，并将该网站作为向世界传播波兰文化的重要窗口之一。"Culture.pl"设有建筑、电影、文学、音乐、摄影等多板块，其内容具备时效性、全面性和普及性，迄今已刊登超过51 000篇有关波兰杰出人物的传记、评论和相关论文。"Culture.pl"作为波兰官方最大的文化推广网站，每年有多达1 000万来自全球各地的网友活跃访问[2]。网站目前提供波、英、俄三种语言版本，部分内容还有乌克兰语、汉语、韩语和日语版本。此外，该网站还制作了题为《来自西方东边的故事》（*Stories From The Eastern West*）的英文系列播客，讲述那些发生在中东欧，改变过世界却鲜有人知的故事。截止至2023年，该播客已成功推出了四季的内容[3]。

亚当·密茨凯维奇学院的推广范围并非只局限在欧美地区，它于2008年推出的"亚洲项目"（Program Azja）首先计划在中国、日本和韩国推广波兰文化。从2015年开始，其合作范围扩大至印度，2015至2018年间，"亚洲项目"在印度共同组织了20多项文化活动。自2018年以来，"亚洲项目"也开始与越南的文化机构合作。目前，亚当·密茨凯维奇学院的

---

1 Instytut Adama Mickiewicza. O nas. [2023-06-27]. https://iam.pl/pl/o-nas/instytut-adama-mickiewicza
2 Culture.pl. About Us. [2023-06-27]. https://culture.pl/en/about-us
3 Culture.pl. Stories From The Eastern West. [2023-06-27]. https://culture.pl/en/stories-from-the-eastern-west

"亚洲项目"在中国的合作伙伴有中国上海国际艺术节、香港艺术节、上海国际电影节、香港国际电影节、中国国家博物馆、中国美术馆、北京人民艺术剧院、乌镇国际戏剧节、国家大剧院等[1]。

2. 波兰文化中心（Instytuty Polskie）

波兰文化中心是隶属于波兰外交部的机构，其成立初衷是为了在海外树立良好的波兰形象并传播波兰文化。目前，波兰在奥地利、白俄罗斯、比利时、保加利亚、中国、捷克、法国、格鲁吉亚、德国（分别设有柏林和杜塞尔多夫两个文化处）、匈牙利、印度、以色列、意大利、日本、立陶宛、罗马尼亚、俄罗斯（分别设有莫斯科和圣彼得堡两个文化处）、斯洛伐克、西班牙、瑞典、乌克兰、英国和美国[2]等国家共设立了25个波兰文化中心。

波兰文化中心致力于向全球推广波兰的文化、历史、语言和民族遗产，积极与对象国的文化机构展开学术交流、文化宣传等多样化的活动，极力推动双边友好合作关系的建立。近年来，波兰文化中心还在中国积极开展"全国波兰语教学工作坊"（Warsztat Glottodydaktyczne dla Lektorów Języka Polskiego w Chinach），来自全中国不同院校的波兰语专家齐聚一堂，交流心得与经验，共同推进波兰语教学在中国的发展。截至目前，波兰文化中心已经成功举办了五届教学工作坊活动[3]。

1　Instytut Adama Mickiewicza. Program Azja.［2023-06-27］. https://iam.pl/pl/programy/program-azja

2　Ministerstwo Spraw Zagranicznych. Instytuty Polskie.［2023-06-27］. https://www.gov.pl/web/dyplomacja/instytuty-polskie

3　Portal Gov.pl. V Warsztaty glottodydaktyczne dla lektorów języka polskiego w Chinach.（2023-05-31）［2023-06-27］. https://www.gov.pl/web/chiny/v-warsztaty-glottodydaktyczne-dla-lektorow-jezyka-polskiego-w-chinach

一直以来，波兰文化中心都是各国了解波兰的重要平台之一，对于推广波兰文化起着重要的作用。而这一切并不只是波兰文化中心独自努力的成果，在这背后是多个机构的集体智慧和共同付出。波兰文化中心定期会协同亚当·密茨凯维奇学院、波兰图书研究所（Instytut Książki）、肖邦国家研究所（Narodowy Instytut Fryderyka Chopina）、音乐与舞蹈研究所（Instytut Muzyki i Tańca）、国家建筑与城市规划研究所（Narodowy Instytut Architektury i Urbanistyki）等多个波兰文化机构开展合作[1]，共同构建起一体化的波兰文化国际传播体系，落实国家文化外交的方针与政策。

3. 国家学术交流中心（Narodowa Agencja Wymiany Akademickiej, NAWA）

为了推动波兰高校及学术研究的国际化进程，波兰科学与高等教育部（Ministerstwo Nauki i Szkolnictwa Wyższego）于2017年成立了国家学术交流中心，其主要负责推进国际学术交流、推动波兰高校及科研机构的国际化、宣传推广波兰高等教育以及促进波兰语在海外的传播[2]。2023年，中心计划拨出约1.8亿兹罗提用以资助个人与机构，推进旗下约50个文化学术交流项目的进行[3]。

1　Ministerstwo Spraw Zagranicznych. Instytuty Polskie.［2023-06-27］.https://www.gov.pl/web/dyplomacja/instytuty-polskie

2　Narodowa Agencja Wymiany Akademickiej. O NAWA.［2023-06-27］. https://nawa.gov.pl/nawa

3　Narodowa Agencja Wymiany Akademickiej. Plan działania Narodowej Agencji Wymiany Akademickiej na rok 2023.［2023-06-27］.https://nawa.gov.pl/images/BIP/Plan-dzialania-NAWA-na-2023.pdf

国家学术交流中心项目主要有以下4类：(1)学者项目(Programy dla Naukowców)，如"海外波兰学者回流项目"(Polskie Powroty)、"海外人才引进项目"(Profesura NAWA)、"波兰学者赴外访学项目"(Bekker NAWA)等；(2)机构项目(Programy dla Instytucji)，如"中欧大学交流项目"(CEEPUS)、"中东欧和东南欧地区流动人才项目"(UniWeliS)等；(3)学生项目(Programy dla Studentów)，对象包括了海内外学生，如"海外波兰裔学生来波留学项目"(Program Stypendialny dla Polonii im. gen. Wł. Andersa)、"发展中国家来波硕士留学项目"(Program Stypendialny im. Stefana Banacha)等；(4)波兰语项目(Programy Języka Polskiego)，如"暑期班体验项目"(Letnie kursy NAWA)、"波兰语推广项目"(Promocja języka polskiego)、"波兰语教师外派项目"(Program Lektorzy)等[1]，目前由国家学术交流中心派出的教师遍布在全球五大洲30多个国家，授课内容涵盖波兰语言文学、斯拉夫研究等。据不完全统计，目前在北京外国语大学、上海外国语大学、广东外语外贸大学、西安外国语大学、哈尔滨师范大学、天津外国语大学等高校都能看到这些教师的身影。

1　林歆：《2022年波兰文化国际传播与影响力报告》，《中东欧国家文化发展报告（2022）》，社会科学文献出版社，2023，第142页。

03 ▶ ▷
波兰语在中国的推广与教学

中国的波兰语教学最早可以追溯到上世纪50年代，这与当时的政治环境密不可分。1949年，中华人民共和国成立。同属社会主义阵营的波兰在1949年10月7日与新中国建交，是最早与新中国建交的国家之一。新中国在对外政策上与各社会主义国家的交往日益密切。1950年，中国政府开始向波兰派遣公费留学生，未来中国波兰语界权威之一的萧惠敏就是其中的一员。1954年，萧惠敏回国后，与波兰讲师莱舍科·崔日克（Leszek Cyrzyk）合作，开始在北京大学教授波兰语，正式开启了波兰语在中国的教学之路。1956年，波兰语专业迁移至北京俄语学院。1959年，北京俄语学院与北京外国语学院（今：北京外国语大学）合并。至今，北京外国语大学的波兰语专业已成为国内办学历史最长、办学层次最全的波兰语教学和研究基地。中国第二个波兰语本科教学点直到55年后的2009年才开设。

1989年东欧剧变，中国与中东欧国家长期以来在相似的意识形态基础上建立的外交关系受到挑战。在新时期，如何重新认识与发展和中东欧国家的外交关系至关重要。2004年至2007年，10个中东欧国家先后加入欧盟，国际影响力和话语权得到加强，国家认为有必要进一步改善与中东欧国家的外交关系。再次开设波兰语专业的尝试从一定程度上也反映了新时期我国的思想倾向与外交政策。2010年，在中波双方的共同努力下，哈尔滨师范大学正式设立了波兰语专业。在哈尔滨开设波兰语专业也受到了历史因素的影响，自19世纪末到20世纪初，曾经有7 000多名波兰侨民迁居到哈尔滨工作和生活，在推动哈尔滨城市发展、丰富当地文化等层面都起着十分重要的作用。

2011年，中国与波兰的双边关系从友好合作升级为战略伙伴关系。2011年12月18—22日，时任波兰总统布罗尼斯瓦夫·科莫罗夫斯基（Bronisław Komorowski）访问中国，这是波兰最高领导人14年来首次访问中国。2012年，4月26日，时任国务院总理温家宝访问波兰，并在波兰首都华沙举行的首次中国—中东欧国家领导人会晤上提出了关于与中东欧国家友好合作的十二项举措，中国—中东欧的合作机制初步建立。这一事件开启了中国与中东欧国家全面合作的新纪元。随后，中波两国在各领域不断开展合作，两国之间的高层来访也越来越频繁。2015年，波兰正式加入"一带一路"倡议。次年，中波的双边关系升级为全面战略伙伴关系。

在中波合作进一步加强的背景下，广东外语外贸大学（2013）、河北外国语大学（2014）、北京第二外国语大学（2015）、天津外国语大学（2017）、西安外国语大学（2017）、上海外国语大学（2017）等高校纷纷开设波兰语专业。截至目前，在全中国有多达17所高校开设波兰语专业，也有部分高校提供波兰语选修课程，具体见下表：

表 10-1　在中国开设波兰语课程的院校

大 学 名 称	波兰语专业设立时间	类 型
北京外国语大学	1954年	波兰语本科、硕士研究点、博士研究点
哈尔滨师范大学	2010年	波兰语本科
东北大学	2013年	波兰语选修课程
肇庆学院	2013年	波兰语选修课程
广东外语外贸大学	2013年	波兰语本科、硕士研究点
河北外国语学院	2014年	波兰语专科
北京第二外国语学院	2015年	波兰语本科（1965年曾招收过首批本科生，"文革"时期专业被取消，2015年复建波兰语专业）
浙大宁波理工学院	2016年	波兰语选修（2022年起改为波兰语辅修）
天津外国语大学	2017年	波兰语本科
西安外国语大学	2017年	波兰语本科
上海外国语大学	2017年	波兰语本科
四川大学	2017年	波兰语本科
四川外国语大学成都学院	2017年	波兰语本科
长春大学	2018年	波兰语本科
大连外国语大学	2018年	波兰语本科
北京体育大学	2019年	波兰语本科

大　学　名　称	波兰语专业 设立时间	类　　型
四川外国语大学	2019年	波兰语本科
吉林外国语大学	2019年	波兰语本科
浙江外国语学院	2019年	波兰语本科
浙江越秀外国语学院	2019年	波兰语本科

　　中国开设波兰语专业的高校大多都积极与波兰高校开展合作项目，例如，北京外国语大学作为国内最早开设波兰语专业的高等院校，一直同波兰雅盖隆大学保持着密切的合作。2019年北京外国语大学与雅盖隆大学合作推出了"中东欧研究"方向同等学力硕士联合培养项目，为期3年，学业完成后可申请中波两个大学的硕士学位。广东外语外贸大学波兰语系也与波兰多所高校合作，在本科人才培养方面开展了三个项目：波兹南亚当·密茨凯维奇大学"3＋1"本科双学位联合培养项目、雅盖隆大学"3＋1"本科联合培养项目以及雅盖隆大学"2＋2"本科双学位联合培养项目。硕士人才培养项目则包括波兹南亚当·密茨凯维奇大学"2＋1"硕士双学位联合培养项目和托伦哥白尼大学"2＋1"硕士双学位联合培养项目。在修完对应学分后，广东外语外贸大学波兰语系的学生们可以获得广东外语外贸大学和波兰高校授予的本科或者硕士学位。

　　为顺应"一带一路"倡议，培养高水平的波兰语复合型人才，国内各高校的波兰语系也推出了不少创新项目与改革计划。例如，四川大学于

2017年开创了国内首个"波兰语＋"的创新型专业。该专业以波兰语为依托，设有经济学和国际关系两个专业方向。四川大学波兰语系是同波兰华沙大学联合创立的，采用"2＋1＋2"的联合培养模式，即前两年在四川大学学习波兰语和专业方向（经济学或者国际关系）的基础知识，第三年在华沙大学语言文化中心进一步强化语言学习，第四、五年在华大经济学院或者国际关系学院精修各自方向的专业知识。此外，广东外语外贸大学也结合人才市场需求的变化，调整波兰语专业的培养方案，从培养"英语＋波兰语"双语人才转变到培养跨学科复合型外语人才。目前，广外波兰语系采取"波兰语＋英语＋微专业"的人才培养模式，除了开设丰富的波兰语与英语课程，还设置了国际经济贸易、会计学、汉语国际教育、法学和国际关系五大跨学科微专业模块。

总的来说，21世纪以来波兰语专业在中国的繁荣发展在很大程度上得益于"一带一路"倡议及中国—中东欧合作机制的不断推进所带来的对波兰语人才的需求，同时也验证了波兰政府在全球推广波兰语政策的成功。

参考文献

Bień J. S., Dwadzieścia lat Rady Języka Polskiego: uchwały ortograficzne
a polszczyzna „poprawna, dobra, etyczna i estetyczna", Poznańskie
Studia Polonistyczne. Seria Językoznawcza, 2017, 24(2): 253–302.

Budnik M., Abecadło i propaganda. Cele jawne i ukryte tekstów do nauki
elementarnej dorosłych w latach 1945–1972, Napis, 2011, 17: 265–
275.

Budnik M., Walka z analfabetyzmem w Polsce Ludowej (na przykładzie
wybranych dokumentów Ministerstwa Oświaty oraz Biura
Pełnomocnika Rządu do Walki z Analfabetyzmem z lat 1949–1951),
Acta Universitatis Lodziensis Folia Litteraria Polonica, 2013, 19(1):
31–41.

Cierpich-Kozieł A., Mańczak-Wohlfeld E., Witalisz, A., Nowy słownik
zapożyczeń angielskich w polszczyźnie–założenia ogólne i
mikrostruktura haseł, Język Polski, 2023, 103(1): 5–19.

Dróżdż-Łuszczyk K., Nowa leksyka języka polskiego–jej źródła i tendencje rozwoju (wybrane zagadnienia), Poradnik Językowy, 2022, 790(1): 71–88.

Główny Urząd Statystyczny, Historia Polski w liczbach. Tom V. Polska 1918–2018, Warszawa, 2018.

Gołota J., Opór w czynie–na kanwie budowy Szkół–Pomników Tysiąclecia. Wydźwięk realny i medialny, The Polish Journal of the Arts and Culture. New Series, 2020, 12(2): 11–26.

Klemensiewicz Z., Historia języka polskiego, Warszawa, 1976.

Lisek G., Polityka językowa Polski i jej sąsiadów na przykładzie Republiki Czeskiej i Republiki Słowackiej, Język. Komunikacja. Informacja, 2011, 6: 79–89.

Malinowski M., Ortografia polska od II połowy XVIII wieku do współczesności: kodyfikacja, reformy, recepcja, Katowice, 2011.

Mańczak-Wohlfeld E., Polityka językowa w Polsce a wpływ języka angielskiego na polszczyznę, LingVaria, 2020, 30(2): 149–158.

Mól A., O kilku przepisach kodyfikacji polskiej pisowni w 1956 roku: norma a uzus (na podstawie artykułów w „Dzienniku Polskim" z lat 1953 i 1958), W: Mitrenga B. (red.), Linguarum silva. T. 6: Problemy języka i tekstu w perspektywie historycznej i współczesnej, Katowice, Wydawnictwo Uniwersytetu Śląskiego, 2017: 35–52.

Nowowiejski B., Makaronizmy końca XX wieku, Białostockie Archiwum Językowe, 2001, 1: 93–111.

Polański E., Historia ortografii polskiej argumentem za potrzebą reformowania współczesnej pisowni, Z Teorii i Praktyki Dydaktycznej Języka Polskiego, 2009, 20: 76–85.

Polański E., Reformy ortografii polskiej – wczoraj, dziś i jutro, Biuletyn Polskiego Towarzystwa Językoznawczego, 2004, 60: 29–46.

Ruszer A., Czynniki rozwoju języka polskiego w Chinach, LingVaria, 2022, 34(17): 319–340.

Sękowska E., Charakterystyczne innowacje we współczesnej polszczyźnie, Kwartalnik Polonicum, 2015, 19: 2–6.

Sękowska E., Uwagi o tzw. słownictwie PRL-u, Białostockie Archiwum Językowe, 2010, 10: 257–265.

Stanisław D., Najnowsze dzieje języka polskiego. Rozwój polszczyzny w latach 1918–2018, Warszawa, 2020.

Stanisław G., Najnowsze dzieje języków słowiańskich: Język polski, Opole, 2001.

Strawińska A. B., Uwagi o kondycji dwudziestopierwszowiecznej polszczyzny z perspektywy procesów globalizacyjnych. Roczniki Humanistyczne, 2018, 66(6): 197–215.

Szyszkowski W., Rocznik Naukowo-Dydaktyczny. Z. 12. Historia i Teoria Nauczania Języka Polskiego, Kraków, 1962.

Tłomacki A., Walka z analfabetyzmem wśród mieszkańców powiatu bialskiego w latach 1945–1951, Radzyński Rocznik Humanistyczny, 2011, 9: 91–100.

Walczak B., Geneza polskiego języka literackiego, Teksty Drugie, 1994, 3: 35–47.

Walczak B., Zarys dziejów języka polskiego, Wrocław, 1995.

Wieremiejewicz M., Językowy aspekt feminizacji niektórych zawodów, W: Sokólska U. (red.), Odmiany stylowe polszczyzny dawniej i dziś, Wydawnictwo Uniwersytetu w Białymstoku, 2011: 387–398.

Woźniak E., Polityka językowa państwa polskiego w okresie międzywojennym, Socjolingwistyka, 2015, 29: 7–20.

Woźniak E., Przełomowe dwudziestolecie: lata 1918–1939 w dziejach języka polskiego, Łódź, 2020.

Woźniak E., Wkład dwudziestolecia międzywojennego w ewolucję polszczyzny, Poradnik Językowy, 2020, 06: 7–21.

Yufeng Z., Nauczanie języka polskiego jako obcego w Chinach w nowej rzeczywistości społeczno-politycznej, W: Jasińska A., Kajak P., Wegner T. (red.), Język polski w Chinach. Z doświadczeń nauczania polszczyzny w Azji Wschodniej, Wydawnictwa Uniwersytetu Warszawskiego, 2021: 56–78.

彼特拉夏克·玛尔戈让塔，刘涧南. 哈尔滨的波兰侨民. 黑河学院学报，2015，6（02）：5—9.

哈莉克·科汉斯基. 不折之鹰. 何娟，陈燕伟，译，北京：中国青年出版社，2015.

金雁. 从"东欧"到"新欧洲"：20年转轨再回首. 北京：北京大学

出版社，2011.

李艳红.波兰的语言国情和语言政策研究.沈阳：辽宁大学出版社，
2018.

林歆.2022年波兰文化国际传播与影响力报告.载茅银辉、蒋涌、
徐恒祎主编《中东欧文化蓝皮书：中东欧国家文化发展报告
（2022）》，社会科学文献出版社，2023：129—146.

刘邦义.波兰政局的剧变与团结工会.世界历史.1995（05）：67—74.

刘祖熙.波兰通史简编.北京：人民出版社，1988.

刘祖熙.斯拉夫文化.杭州：浙江人民出版社，1993.

亚当·扎莫伊斯基.波兰史.郭大成，译，北京：中国友谊出版公司，
2019.

耶日·卢克瓦斯基，赫伯特·扎瓦德斯基.波兰史.常程，译，上海：
东方出版中心，2011.

易丽君.波兰文学.北京：外语教学与研究出版社，1999.

中国大百科全书总编辑委员会《语言文字》编辑委员会.中国大百科
全书·语言文字.北京：中国大百科全书出版社，1988.

朱晓中，徐刚.1949年以来的中国与（中）东欧关系.中国国际战略
评论，2019（01）：1—18.

结语

　　翻开波兰语历史的浩卷，思接千载，视通万里，从早期波兰语与拉丁语的地位之争，到国势衰颓之时多国语言的入侵，再到英语在全球的影响力不断扩大，波兰语历经风雨至今，始终葆有强大的生命力。而在整个语言发展历程中，不可忽视的是该国历史的牵系作用。回溯历史可见，自966年基督教传入起，拉丁语开始成为波兰的书面语言，波兰人也开始尝试用拉丁字母拼写自己的语言。随之，语言的变化都深植于每个重要历史节点。16世纪的黄金盛世创造了波兰语发展的空前高峰之一，当时的文化成果用汗牛充栋来形容也毫不为过。而在江河日下、山河破碎之时，波兰语则成为被列强肢解的牺牲品。由此可见，波兰国运兴衰的曲线与波兰语发展起伏的曲线大体一致。

　　波兰语不只是语言学的概念，它还对维系和延续民族文化血脉有着举足轻重的作用，尤其是在被俄、普、奥三国瓜分时期，波兰语更是成为捍卫民族独立性、纯洁性的重要武器。彼时的波兰人民以波兰语为依托，努力扩大自身民族文化在分崩离析的国土上的立足之地，甚至在异国他乡生根发芽，蓄势复国，这实际上呈现的是一个民族在苦难中坚韧成长的历程。

波兰语在保持本民族语言文化独立性的同时，并未走向画地为牢、固步自封的道路。自其发端之日起，拉丁语、捷克语、希腊语、法语、德语、俄语、英语等都相继成为波兰语创新或引用词汇的重要参考。此外，在"回归欧洲"以后，波兰在世界范围内积极推广波兰语，这在一定程度上体现了波兰国力和文化自信的提升。从捍卫波兰语到传播波兰语是波兰语发展的生动显现，也是历史沉淀以后的当代新篇。

窥探波兰语言发展历程，我们会发现一个悠久而绚烂、传奇而瑰丽的文化世界，并重新领略地处东欧一隅的展翅雄鹰——波兰。